THE SECOND WORLD WAR IN 100 OBJECTS

二战物典

改变二战的100件物品

［英］朱利安·汤普森 (Julian Thompson)　　［美］阿兰·米利特 (Allan Millett)　著

文微　宋凌　译

SPM
南方出版传媒
广东人民出版社
·广州·

图书在版编目（CIP）数据

二战物典：改变二战的100件物品/［英］朱利安·汤普森，［美］阿兰·米利特著；文微，宋凌译.—广州：广东人民出版社，2018.6

ISBN 978-7-218-12665-4

Ⅰ.①二… Ⅱ.①朱… ②阿… ③文… ④宋… Ⅲ.①第二次世界大战—历史文物—介绍 Ⅳ.①K152

中国版本图书馆CIP数据核字（2018）第048160号

Second World War in 100 Objects

Text © items 1–25, 27–29, 31–36, 38–40, 42–46, 48–49, 51–52, 54–57, 59–61, 63–72, 74–77, 79, 81–82, 84–86, 88–90, 92–94, 96 and 98–100 Julian Thompson 2012

Text © items 26, 30, 37, 41, 47, 50, 53, 58, 62, 73, 78, 80, 83, 87, 91, 95 and 97 Allan Millett 2012

Design © Carlton Books Limited 2012

Original edition published by André Deutsch, a division of the Carlton Publishing Group

All rights reserved.

Simplified Chinese rights arranged through CA-LINK International LLC (www.ca-link.com)

著作权合同登记号：图字19-2015-033号

ERZHAN WUDIAN: GAIBIAN ERZHAN DE 100 JIAN WUPIN

二战物典：改变二战的100件物品

［英］朱利安·汤普森　［美］阿兰·米利特　著
文微　宋凌　译

版权所有　翻印必究

出 版 人：肖风华

责任编辑：施　勇　皮亚军
责任技编：周　杰　吴彦斌

出版发行：广东人民出版社
地　　址：广州市大沙头四马路10号（邮政编码：510102）
电　　话：（020）83798714（总编室）
传　　真：（020）83780199
网　　址：http://www.gdpph.com.
印　　刷：深圳市新联美术印刷有限公司
开　　本：787毫米×1092毫米　1/16
印　　张：16　　字　数：150千
版　　次：2018年6月第1版　2018年6月第1次印刷
定　　价：148.00元

如发现印装质量问题，影响阅读，请与出版社（020-83795749）联系调换。
售书热线：（020）83790604　83791487　　邮　购：（020）83781421

目录

- 前言 1
- 01 我们这个时代的和平 2
- 02 一号元首命令 6
- 03 黄色星标 8
- 04 恩尼格玛密码机 10
- 05 纳粹党卫军的标志 12
- 06 斯图卡式俯冲轰炸机 14
- 07 滑雪板 16
- 08 "格拉夫·施佩海军上将"号 20
- 09 丘吉尔的雪茄 22
- 10 U型潜艇 24
- 11 马其诺防线 26
- 12 民用防毒面具 28
- 13 三菱A6M零式舰载战斗机 30
- 14 88毫米炮 32
- 15 小船 34
- 16 空降兵制服 38
- 17 洛林十字架 40
- 18 喷火式战斗机 44
- 19 梅塞施米特Bf-109战斗机 46
- 20 剑鱼鱼雷攻击机 50
- 21 防空洞 52
- 22 "胡德"号战列巡洋舰 56
- 23 X型降落伞 58
- 24 司登冲锋枪 60
- 25 T-34坦克 62
- 26 《大西洋宪章》 66
- 27 防空巡逻队员的头盔 70
- 28 莫辛-纳甘步枪 72
- 29 英国特种空勤团的帽徽 74
- 30 波音B-17轰炸机 76
- 31 "双簧管"系统 80
- 32 人操鱼雷 82
- 33 日本军帽 86
- 34 秘密无线电台 88
- 35 丝质逃亡地图 90
- 36 "炸弹"与"巨人" 92
- 37 《星条报》 94
- 38 奥斯特轻型飞机 96
- 39 MG 42通用机枪 98
- 40 布鲁托 100
- 41 吉普车 102
- 42 绿色贝雷帽 104
- 43 铁拳 106
- 44 蒙哥马利的贝雷帽和坦克 110
- 45 微型潜艇 112
- 46 阿弗罗兰开斯特式轰炸机 116
- 47 美国空降师的徽章 118
- 48 沙漠之鼠徽章 122
- 49 澳大利亚师的徽章 124

50 "企业"号航空母舰 128	76 虎式坦克 188
51 沙漠远程部队的交通工具 130	77 帕帕斯基的私人部队的徽章 190
52 突击队员的匕首 132	78 血浆 192
53 紫心勋章 134	79 贝雷桥 194
54 划艇 136	80 两栖运兵车 196
55 神风特攻队 138	81 爆破筒 198
56 青霉素 142	82 高脚柜炸弹 200
57 深水炸弹 144	83 格鲁曼F6F地狱猫战斗机 202
58 C口粮和K口粮 146	84 DD水陆坦克 204
59 桂河大桥 148	85 德国集中营的瞭望塔 206
60 弹射飞机商船 150	86 霍巴特的马戏团 208
61 大西洋壁垒 152	87 M-1加兰德步枪 210
62 自由轮 154	88 "桑树"人工港 212
63 弹跳炸弹 156	89 德国半履带装甲车 214
64 供应证 160	90 法国第一集团军的徽章 216
65 欧文冲锋枪 162	91 谢尔曼坦克 220
66 钦迪特的徽章 166	92 维多利亚十字勋章 222
67 潜艇探测器 168	93 歌利亚遥控爆破车 224
68 海岸防御 170	94 降落伞补给箱 226
69 烟幕发射器 174	95 加拿大军队的徽章 228
70 韦科滑翔机 176	96 国民冲锋队臂章 232
71 坦克登陆舰 178	97 P-51野马战斗机 236
72 乔治十字勋章 180	98 V型武器 238
73 火箭筒 182	99 希特勒的鹰巢和伯格霍夫别墅 242
74 地道手推车 184	100 原子弹 246
75 艾森豪威尔未发出的消息 186	

前言

书中涉及的100件物品与第二次世界大战关系匪浅。部分物品诞生于一战之前，部分物品面世于一战的硝烟当中，但都是二战这幅恢宏画卷中不可或缺的部分。我写这本书，是想引起读者的共鸣，不论他们是二战研究专家，还是第一次接触这种题材的读者。我只选取物品而非人物。我选择的物品当中，有大西洋壁垒这样的大块头，也有青霉素这种小东西。在大件物品当中，有马其诺防线、两座人造港口以及桂河大桥（桂河当时被称为美功河）；小件物品包括丘吉尔的雪茄、英国特种空勤团的徽章、帕帕斯基的私人部队的徽章、纳粹徽章、沙漠之鼠的徽章，以及澳大利亚师的徽章。

我将德国人、日本人、意大利人、英国人、美国人、苏联人、法国人、澳大利亚人使用的装备囊括进来，其他盟国所使用的部分相同装备物品也会出现。书中涉及了二战中最著名的三种坦克：苏联T-34坦克、德国虎式坦克以及美国的谢尔曼坦克（英国军队也广泛使用此款坦克）。意大利首先使用人操鱼雷进攻舰只，其他国家纷纷效仿，他们的鱼雷在书中也占了一定篇幅。第二次世界大战当中，许多车辆声名在外，其中最负盛名的当属无处不在的吉普车了，紧随其后的应该是水陆两栖运兵车。第二次世界大战当中，最致命的反坦克炮是德国88高炮，它有反坦克和防空两种型号。

书中还出现了好几份文件。开篇就是内维尔·张伯伦在慕尼黑会见了阿道夫·希特勒之后，返回伦敦时向公众挥舞的文件。据张伯伦说，这份文件是"我们这个时代的和平"的保障。仅仅11个月之后，希特勒就下达了一号战争指令，命令军队入侵波兰，第二次世界大战由此拉开序幕。第二份文件为罗斯福总统和英国首相丘吉尔于1941年8月在纽芬兰布雷森莎湾的"威尔士亲王"号皇家海军舰艇上所商定，后成为《联合国宪章》的蓝本，本书收录了此文件的副本。书中最后一份文件在其诞生一个月后才见天日：这是艾森豪威尔将军写的一张字条，如果1944年6月6日的诺曼底登陆失败，它就会派上用场。

书中涉及了多种类型的飞机，大名鼎鼎的"飞行堡垒"B-17轰炸机、野马战斗机、梅塞施米特BF-109和零式战斗机、喷火式战斗机都占了一定篇幅。外号"网兜"的剑鱼鱼雷轰炸机以及兰开斯特轰炸机书中也有涉及。美国海军的"企业"号航空母舰（即著名的"大E"），英国皇家海军的"胡德"号、"斯佩伯爵"号，敦刻尔克大撤退中的小船也在书中争奇斗艳。

希望读者会喜欢《二战物典：改变二战的100件物品》所选的物品，在阅读后有所获益。我也希望此书对二战中不为人所熟知的史实提供新的见解。

朱利安·汤普森

上　图：第二次世界大战中的标志性物件之一，英国III型战斗头盔

01 我们这个时代的和平

1938年9月30日下午，英国首相内维尔·张伯伦乘坐英国航空公司的洛克希德超级伊莱克特拉客机离开慕尼黑，在赫斯顿机场着陆（今希斯罗机场附近），前来相迎者甚众。他手拿一份文件向人群挥舞，对着众多麦克风说道："今天早上我与德国总理希特勒先生又进行了一场谈话，我手里拿着的就是我们共同签署的协议。"警察在人群中挤出一条道，让张伯伦的车顺利驶向白金汉宫，他与英国国王及王后一起出现在白金汉宫的阳台上。当天晚上，他在唐宁街的一扇窗户前对民众发表演讲："我亲爱的朋友们，这是我们历史上第二次把光荣的和平带回唐宁街来，我相信，这是我们这个时代的和平。"

慕尼黑之行是张伯伦在15天内与希特勒的第三次会面，其目的就是解决捷克斯洛伐克危机。1938年，捷克斯洛伐克总人口约为1 400万，其中有300万人说德语，他们聚居在苏台德地区。9月伊始，在希特勒的煽动和纳粹的支持下，苏台德人发生暴动。9月15日，捷克政府终于恢复秩序，但整个欧洲弥漫着紧张的气氛，战争大有一触即发之势。

是日，张伯伦飞往贝希特斯加登的贝格霍夫，劝说希特勒放弃侵略捷克斯洛伐克。他提出，捷克斯洛伐克半数以上的人口都希望与德国达成联合，他们的愿望应该得到满足，希特勒对此也表示同意。法国人勉为其难地加入英国人的阵营，一起向捷克总统贝奈斯施压，迫使其同意该协议。张伯伦随即返回伦敦，但希特勒这边却玩起了勒索的把戏，认为捷克斯洛伐克的让步还不够。

9月22日，张伯伦乘飞机到达拜德哥德斯堡的德雷森酒店——希特勒最爱去的酒吧，与希特勒会面。张伯伦本人愿意对希特勒的要求做出让步，但却遭到身后英国内阁的反对。9月23日，捷克政府发起战争动员，英国皇家海军被派往战时基地。英国开始备战。张伯伦在9月27日晚上发表广播演讲："为了一个我们一无所知的遥远国度，英国人挖起战壕，戴上防毒面具，这太恐怖、太让人吃惊和难以置信了。"

英法呼吁意大利最高元帅本尼托·墨索里尼从中斡旋。对希特勒来说，这意味着法国人和英国人不过是纸老虎。9月29日，张伯伦与法国总理爱德华·达拉第一起飞往慕尼黑。他们在纳粹党总部所在的元首行馆——一栋新古典主义的建筑中与希特勒和墨索里尼会面。在这里，他们同意了由墨索里尼提出、但由德国外交部起草的条约，满足希特勒所有的要求。次日上午，张伯伦在希特勒的私人公寓里与其会面，并称这次会面是"一次非常友好愉快的对话"，张伯伦在赫斯顿机场展示的条约就是在这次会面中签署的。

德国军队迅速占领了苏台德地区，之后暂停入侵，直到1939年5月才进兵捷克斯洛伐克其他地区。希特勒称："至少六个月以内不会占领布拉格，就目前而言，我不会对老伙计做出此等事来。"

第二次世界大战爆发前，这场延迟出兵的获益者究竟是纳粹德国还是盟军，战略专家对此意见不一。或许是张伯伦的退让使希特勒低估了英国的实力，最终导致其在对英作战中伤筋动骨。1939年8月，他对手下的将军说："我们的敌人不过是些小爬虫，我在慕尼黑已经见过他们了。"

We, the German Führer and Chancellor and the British Prime Minister, have had a further meeting today and are agreed in recognising that the question of Anglo-German relations is of the first importance for the two countries and for Europe.

We regard the agreement signed last night and the Anglo-German Naval Agreement as symbolic of the desire of our two peoples never to go to war with one another again.

We are resolved that the method of consultation shall be the method adopted to deal with any other questions that may concern our two countries, and we are determined to continue our efforts to remove possible sources of difference and thus to contribute to assure the peace of Europe.

[signatures: A. Hitler; Neville Chamberlain]

September 30, 1938.

对页图：1938年9月30日，张伯伦从慕尼黑返回赫斯顿机场

上　图：希特勒和张伯伦共同签署的文件

下页图：张伯伦到达慕尼黑，纳粹党卫队列队欢迎。张伯伦左侧是德国外长里宾特洛甫

02 一号元首命令

1933年1月，阿道夫·希特勒就任德国总理，德国武装力量悉数落入他手中，服务于他的政治野心。希特勒公然违反1920年生效的《凡尔赛条约》，重整军备；为了建立更强大的德意志帝国，他筹划了一系列军事侵略活动。值得一提的是，他的军事策略和军事行动因为一系列"元首命令"而独具特色。相对于一般的命令而言，他的"元首命令"更具概括性和前瞻性，本质上更具有战略意味。1933年秋季，希特勒颁布了"关于制裁行动的三军行动命令"；1938年3月，启动德奥合并计划的"一号命令"又随之而来。为了保证自己的命令在传统的军队等级中能以最小的政治干预、最完整地传达下去，1938年2月4日，希特勒取消旧的国防部，代之以最高统帅部，并任用自己的亲信威廉·凯特尔担任最高统帅部总长（威廉·凯特尔对希特勒的盲从与谄媚使他和作战指挥官之间产生不睦，他本人也被称为"马屁凯特尔"）。

早在1939年4月3日，德国闪击波兰的计划（"白色计划"）就已经流出，但是为了留出充足的时间在外交上孤立波兰，并与苏联就波兰的分割问题达成协议，进攻被延迟至当年秋季。8月24日，昭示着苏德达成一致的《苏德互不侵犯条约》顺利签署。

8月进入第四个星期，一切准备就绪。希特勒料定英法两国缺乏干预波兰事件的政治决心，准备放手一搏，这种笃定的心态也体现在他的"元首命令"中。1939年8月31日，希特勒发布"一号元首命令"。在命令开篇，他从自身利益出发，总结了当前形势："德国东部边界的形势让人难以再忍，和平解决问题的政治可能不复存在，因此，我决定用武力解决问题。"白色计划作为对波兰作战的模板，短暂地执行了一段时间；之后，针对波兰西部的长期作战开始。德国军队被命令不惜一切代价维持荷兰、比利时、卢森堡和瑞士的中立，希特勒还告诫他的部队，要把导致西欧战争爆发的责任牢牢地钉在英法两国身上。尽管如此，只要英法两国中任何一国进攻德国，为在侧翼协防法国，其余各国可安然放弃中立立场。

9月3日，英法两国宣布对德作战，希特勒以此为借口，在同一天颁布了"二号元首命令"（即"战争指南"）。之后，他又陆续颁布了多项元首命令，指导军队与西线的盟军作战。到1943年11月3日，他已经颁布到第五十一号元首命令。早在这之前，元首命令的风格就已经从战略判断转变为具有希特勒个人特色的、对军队事务的微观管理，这削减了指挥官的权力，并损害对战事推进的理性判断。随着战争性质由进攻转变为防御，从1943年11月开始，希特勒放弃了元首命令的原有格式，转而使用"特别元首指令"和"每日指令"，这些密集的指令一直持续到1945年4月15日，他自杀前夕。临死前他还发布指令，号召军队抵抗"布尔什维克"的猛烈进攻。

上　图：1939年9月1日，德国入侵波兰
下页图：1939年8月31日，希特勒颁布的"一号元首命令"，下令入侵波兰

Der Oberste Befehlshaber der Wehrmacht   Berlin, den   39.
OKW/WFA Nr. 170/39 g.K.Chefs. L I
                                              8 Ausfertigungen
                                              2. Ausfertigung.

Weisung Nr. 1
für die Kriegführung.

1.) Nachdem alle politischen Möglichkeiten erschöpft sind, um auf friedlichem Wege eine für Deutschland unerträgliche Lage an seiner Ostgrenze zu beseitigen, habe ich mich zur gewaltsamen Lösung entschlossen.

2.) Der Angriff gegen Polen ist nach den für Fall Weiss getroffenen Vorbereitungen zu führen mit den Abänderungen, die sich beim Heer durch den inzwischen fast vollendeten Aufmarsch ergeben.
   Aufgabenverteilung und Operationsziel bleiben unverändert.
   Angriffstag: .1.9.39..
   Angriffszeit ....
   Diese Zeit gilt auch für die Unternehmungen Gdingen - Danziger Bucht und Brücke Dirschau.

3.) Im Westen kommt es darauf an, die Verantwortung für die Eröffnung von Feindseligkeiten eindeutig England und Frankreich zu überlassen. Geringfügigen Grenzverletzungen ist zunächst rein örtlich entgegen zu treten.
   Die von uns Holland, Belgien, Luxemburg und der Schweiz zugesicherte Neutralität ist peinlich zu achten.

Die deutsche Westgrenze ist zu Lande an keiner Stelle ohne meine ausdrückliche Genehmigung zu überschreiten.
Zur See gilt das gleiche für alle kriegerischen oder als solche zu deutenden Handlungen.
Die defensiven Massnahmen der Luftwaffe sind zunächst auf die unbedingte Abwehr feindl. Luftangriffe an der Reichsgrenze zu beschränken, wobei so lange als möglich die Grenze der neutralen Staaten bei der Abwehr einzelner Flugzeuge und kleinerer Einheiten zu achten ist. Erst wenn beim Einsatz stärkerer franz. und engl. Angriffsverbände über die neutralen Staaten gegen deutsches Gebiet die Luftverteidigung im Westen nicht mehr gesichert ist, ist die Abwehr auch über diesem neutralen Gebiet freizugeben.
Schnellste Orientierung des OKW über jede Verletzung der Neutralität dritter Staaten durch die Westgegner ist besonders wichtig.

4.) Eröffnen England und Frankreich die Feindseligkeiten gegen Deutschland, so ist es Aufgabe der im Westen operierenden Teile der Wehrmacht, unter möglichster Schonung der Kräfte die Voraussetzungen für den siegreichen Abschluss der Operationen gegen Polen zu erhalten. Im Rahmen dieser Aufgabe sind die feindl. Streitkräfte und deren wehrwirtschaftl. Kraftquellen nach Kräften zu schädigen. Den Befehl zum Beginn von Angriffshandlungen behalte ich mir in jedem Fall vor.

Das Heer hält den Westwall und trifft Vorbereitungen, dessen Umfassung in Norden - unter Verletzung belg. oder holländ. Gebietes durch die Westmächte - zu verhindern. Rücken franz. Kräfte in Luxemburg ein, so bleibt die Sprengung der Grenzbrücken freigegeben.

Die Kriegsmarine führt Handelskrieg mit dem Schwerpunkt gegen England. Zur Verstärkung der Wirkung kann mit der Erklärung von Gefahrenzonen gerechnet werden. OKM meldet, in welchen Seegebieten und in welchem Umfang Gefahrenzonen für zweckmässig gehalten werden. Der Wortlaut für eine öffentl. Erklärung ist im Benehmen mit dem Ausw. Amt vorzubereiten und mir über OKW zur Genehmigung vorzulegen.
Die Ostsee ist gegen feindl. Einbruch zu sichern. Die Entscheidung, ob zu diesem Zwecke die Ostsee-Eingänge mit Minen gesperrt werden dürfen, bleibt vorbehalten.
                                      trifft Ob.d.M.

Die Luftwaffe hat in erster Linie den Einsatz der franz. und engl. Luftwaffe gegen das deutsche Heer und den deutschen Lebensraum zu verhindern.
Bei der Kampfführung gegen England ist der Einsatz der Luftwaffe zur Störung der engl. Seezufuhr, der Rüstungsindustrie, der Truppentransporte nach Frankreich vorzubereiten. Günstige Gelegenheit zu einem wirkungsvollen Angriff gegen massierte engl. Flotteneinheiten, insbes. gegen Schlachtschiffe und Flugzeugträger ist aus-

zunutzen. Angriffe gegen London bleiben meiner Entscheidung vorbehalten.

Die Angriffe gegen das engl. Mutterland sind unter dem Gesichtspunkt vorzubereiten, dass unzureichender Erfolg mit Teilkräften unter allen Umständen zu vermeiden ist.

Verteiler:
OKH   1. Ausf.
OKM   2. "
R.d.L.u.Ob.d.L.   3. "
OKW:
  Chef WFA   4. "
  L   5.-8. "

03 黄色星标

为了迫害犹太人，纳粹在六芒星形状的大卫之星①中间加上"Jude"（犹太人）字样，强迫他们戴上。其实，德国对犹太人的迫害早在1933年希特勒上台之后便已经开始，不过那时候他们还没要求犹太人佩戴星标之类的标志，与其他人区分开来。1933年4月1日，黄色②的大卫之星被画在犹太人店铺的窗户上，纳粹宣布要对这些商铺进行制裁。窗户上的侮辱性涂鸦看上去并不是官方组织的，因为是否为犹太人制作特别标志还未进入当时纳粹领导人的议事日程。这件事更像是普通的纳粹党员和纳粹冲锋队成员所为，他们一时兴起在犹太人的窗户上画上标志。经过媒体，尤其是广播的大肆渲染，这种做法在整个德国迅速流传开来。

1938年11月7日，德国驻巴黎大使馆第三秘书恩斯特·冯·拉特被波兰籍犹太人赫歇尔·格林斯潘刺杀。为了报复，党卫军特工部首领莱因哈德·海德里希下令毁坏德国和奥地利境内所有犹太人的店铺。这一行动蓄谋已久，拉特遇刺正好给了他们一个借口。11月9日晚，他们开始了这场针对犹太人的暴行。177座犹太教堂被拆除，流氓地痞也参与其中，打砸毁坏了大约7 500家犹太人商铺。每座镇子的街道上都铺满了碎玻璃，这场事件因此被称为"碎玻璃之夜"或是"水晶之夜"。

---

① 大卫之星，又称大卫之盾，由两个等边三角形交叉重叠组成的六芒星形，是犹太教的标志物，在犹太教会堂和犹太人的墓碑上都可以看到。——译注

② 黄色在西方略带贬义，中世纪唯有犹太人和娼妇穿着黄色服饰。——译注

11月12日，纳粹高层开会，海德里希建议为犹太人制作特别的标志，但提议后近一年内都没有下文。

直到1939年9月波兰战败，德军占领区（苏联占领了波兰东部地区）才开始推行犹太人标志。开始的时候并没有明文政策，占领区内的犹太人是否佩戴标志完全取决于掌管该地区的纳粹军官，因此标志也形形色色，各不相同。好景不长，1939年11月23日，情况发生了变化。波兰的德占总督汉斯·弗兰克命令所有年满10岁的犹太人在右臂上佩戴白色袖章，上面有黄色的大卫之星标志。到1942年11月，波兰85%以上的犹太人都被送往集中营。1941年6月，纳粹德国进攻苏联，苏军被迫撤出波兰，所以这一数据也包括了原本生活在苏联占领区内的犹太人。

1941年9月1日，纳粹德国发布命令，要求德国和波兰境内的所有犹太人都在左胸上佩戴有"Jude"字样的黄色星标。后来，这项命令被用于绝大部分占领区和占领国之内的犹太人。传说，丹麦境内的犹太人被命令佩戴星标时，当时的丹麦国王克里斯蒂安十世自己先戴上，随后，他的做法引起丹麦全民效仿，无论是犹太人还是非犹太人，这使得纳粹不得不撤回该命令。实际上，德国人从未要求丹麦籍犹太人佩戴黄色星标。但传说中丹麦人保护犹太人这部分内容确有其事。当时，7 500名丹麦籍犹太人将被送往死亡营，丹麦人挺身而出，将自己的犹太邻居藏起来，之后这些犹太人大多被偷偷送至瑞典。

对页图：法国犹太人，他们在巴黎被围捕并拘禁在带顶棚的自行车竞技场，随后被安置在巴黎东北部的德兰西中转营。1941年7月，此图摄于该中转营。在这里，他们将被通过火车运至东部的灭绝营

上　图：黄色大卫之星

04 恩尼格玛密码机

"恩尼格玛"是荷兰人H.A.科奇设计的密码机的代号，后由柏林工程师亚瑟·谢尔比乌斯博士进一步改良，并在1923年投入市场。到1929年，德国海军、陆军分别购买了不同版本的恩尼格玛密码机，不久纳粹德国空军、党卫军、反间谍机关、国家铁路局也购买了这种机器。恩尼格玛密码机由三部分构成：转子（又称扰频器）、键盘和电子显示灯。每当按下某个键，转子便会运转，然后显示灯就会照亮某个字母。

要加密一条信息，操作员要在字母键盘上输入信息的首字母，比如说按"B"，那么"X"的指示灯就会被点亮。早期的恩尼格玛密码机中，操作人员会把加密后的字母复制在记事本上。这些信息最终由一堆表面看起来毫无意义的字母构成，并通过电台传播。接收终端的恩尼格玛密码机操作员会把转子调至当天的密钥，然后以相同的方式解密信息。

因为每个发送出去的信息背后对应着的信息原文有数百万种可能的版本，所以二战期间德国人认为恩尼格玛密码机牢不可破。转子的密钥每天都会更新，即便拥有一台恩尼格玛密码机，想要破译信息也相当困难；还必须得知道当天的密钥，才可以完整破译。恩尼格玛密码机的缺点在于字母盘上只有26个字母，且没有字母能够代表其本身。此外，恩尼格玛密码机没有数字键，所以数字必须使用拼写方式。

早在1932年，波兰人就获得了一台恩尼格玛密码机，并试图借此破译德国人的通信信号。1939年，波兰人将破译信息传递给法国人；1940年传递给英国人。1940年纳粹德国空军进攻挪威和法国，英国人位于布莱切利庄园的英国政府代码和密码破译学校（The British Government Code and Cypher School）开始破译其信息；但破译德国海军的行动花费的时间更长。不列颠战役（1940年6月10日—10月31日）期间，纳粹德国空军的通信大多通过固定电话实现，故而布莱切利庄园无法破译这些信息。大西洋战役期间，邓尼茨的U型潜艇部队使用4个转子的恩尼格玛密码机进行通信，这大大增加了破译密码的难度，盟军因此陷入严重危机。德国人将他们的新系统命名为"鲨鱼"。布莱切利庄园经过不懈努力，最终破译了德国U艇部队的大量指挥通信信号。邓尼茨坚信"鲨鱼"系统牢不可破，他一手掌控的U艇部队有大量无线电通信都借此传播，这也是布莱切利庄园能大有斩获的原因之一。

第二次世界大战期间缴获了大量恩格尼码密码机，但这对破译德军的通信信号来说仍然是杯水车薪。1941年3月，英军"哥曼德"突击队在挪威海域的罗弗敦群岛发起进攻，房获德军的拖网渔船"克雷布斯"号、两台恩格尼码密码机及其密钥。1941年5月和1941年7月，英

对页图：1940年法兰西战役中，德军将领海因茨·古德里安在半履带车里用恩尼格玛密码机指挥第十九装甲兵团作战

下　图：放在木质运输箱里的带有三个转子的恩尼格玛密码机，其年代约为20世纪30年代

国人分别俘获两艘德军的海洋气象船，并意外获得接下来几个月内的电报密码本。1941年5月，德军潜艇U-110被迫浮出水面，英国军舰"大斗犬"号上的水手抓紧时间登船，并在U-110沉入水下之前找到了潜艇上的恩尼格玛密码机及密钥。1942年10月，英国军舰"火花"号用深水炸弹迫使德军潜艇U-559浮出水面，缴获潜艇上最新的密码本。1944年6月，美国军舰"匹兹堡"号上的水手登上德军潜艇U-505，并缴获该潜艇上的电报密码本。

布莱切利庄园在破译德军密码方面的出色表现，要归功于一种名为"炸弹"的机器，而这其实就是电脑的雏形。

05 纳粹党卫军的标志

纳粹党卫军有各式各样的标志，依据其所配搭的制服类型和所属部队的不同而有所变化，但是这些徽章都有两个相同的主题：双闪电和骷髅头。纳粹党卫军，其全称为Schutzstaffel，意为"防御部队"，是作为希特勒的黑衣私人卫队而设立的。党卫军头子海因里希·希姆莱原本是个养鸡的农民，从未当过兵，也从未听过枪炮声，却被希特勒任命为纳粹党卫军的队长。褐衫队又名冲锋队，在希特勒走向权力巅峰的过程中扮演了重要角色，希莱姆领导的党卫军就是由褐衫队发展而来。纳粹党卫军萌芽于微，后来逐渐发展壮大为常规部队外的另一股军事力量，在希莱姆眼中，党卫军最主要的任务就是拱卫纳粹党的权力。

党卫军的徽章上，其英文缩写SS酷似两道闪电，这种字体实际上是在模仿古代北欧文字。双闪电标志通常佩戴在黑色领章之上，而且只佩戴一侧。这个标志后来广泛应用于所有党卫军当中，但起初的时候，它仅限于阿道夫·希特勒护卫分队队员使用。希特勒掌权后，护卫分队从慕尼黑迁至柏林，接手了陆军总理府警卫队的职责。

纳粹党卫军的另一个标志骷髅头通常别在帽子前面，德国之鹰的下面。骷髅头和黑色制服一起构成了他们的独特标志，这一装束实际上是来源于普鲁士国王和德意志皇帝的骑兵卫队。除了肩章与帽徽之外，纳粹党卫军还使用袖口装饰带来标记自己所在的部队。譬如，希特勒护卫分队的袖口上有绣着阿道夫·希特勒的名字的装饰带；纳粹党卫军第二装甲师的袖口装饰带上则有帝国师的标志。

护卫分队起初只有117名队员，后来迅速壮大至2

个营，由希特勒的私人保镖兼司机泽普·迪特里希统领。1934年6月30日，希特勒下令铲除褐衫队参谋长恩斯特·罗姆，在迪特里希和护卫分队几名军士的率领下，护卫分队作为刽子手参与了这次史称"长刀之夜"的清洗活动。带队的迪特里希在慕尼黑杀害了6名褐衫队队员，另有3名褐衫队队员在柏林被杀害。这次清洗活动背后的原因之一在于，希特勒曾与军队达成心照不宣的协议，褐衫队与军队将各自固守一方，互不干涉。褐衫队做到了，但党卫军却食言了。

1934—1935年，更多党卫军单位被编入其特别机动部队，其中包括两个新的分队（团级）——日耳曼分队和德意志分队。1938年3月，阿道夫·希特勒护卫分队的一个机动营率领德国军队进入奥地利。希特勒在同年7月宣布，所有党卫军特别机动部队都要参与战争，成为战斗力量。

到1943年，护卫分队已经编列为党卫军第一装甲师，号称"护卫分队师"；德意志分队和元首分队被编为第二装甲师，号称"帝国装甲师"。到最后，武装党卫军（原党卫军特别机动部队）总共有38个师，大约25万人。希特勒对军队的承诺烟消云散了。武装党卫军成为第二次世界大战中狂热并有杰出战力的部队，但这不能掩盖他们残杀士兵和平民的事实，他们的暴行以在苏联和法国最甚。他们甚至还为自己的行径找了一个俚语，"rabatz"，意为"目之所及，鸡犬不留，其乐无穷"。

党卫军累累恶行中更臭名昭著之事，乃为集中营看守部队——党卫军骷髅总队所施行。这是武装党卫军的独立部队，但他们仍为党卫军第三装甲师提供兵力。和武装党卫军不同，骷髅总队会在他们的紧身短上衣上佩戴骷髅头标志。曾经的养鸡农希莱姆变得心狠手辣，在他的带领下，骷髅总队奴役并杀害了数百万人。

对页图：1933年纽伦堡帝国代表大会，旗帜上的字意为"觉醒的德国"

上　图：青铜材质的党卫军标志，其上的如尼字母为镀金材质

06 斯图卡式俯冲轰炸机

JU-87斯图卡式俯冲轰炸机的设计初衷是为德国陆军部队提供近距离支援，它的面世跟第一次世界大战中德军的经历有关。1918年，英国皇家飞行队（后来改名为英国皇家空军）为了支援英国陆军部队，对德军发起猛烈进攻。为了应对此等状况，德国人遂开始研究相关技术，而英国人在这方面却逐渐落后。到1939年，为了保持自身在作战上的独立性，本应为地面部队提供近距离空中支援的英国皇家空军一直都只说不做，完全不管陆军、海军的需要。德国的战术原则是尽量将自己的战线向前推进，但如此一来，它的坦克部队就面临着炮火支援跟不上的风险。空中战术支援能够弥补这项不足，斯图卡式俯冲轰炸机在这方面的表现尤为出色。

斯图卡式俯冲轰炸机在进攻城市和对付地面车辆时效果尤为明显——城市里道路井井有条，路上的车辆如同排列整齐的鸭子。对付分散在乡村野外的步兵团，它的作用就没那么明显了，但军队花了很长时间才意识到这一点。斯图卡式轰炸机的起落架上装有风力警报装置，俯冲时发出的凄厉警报声使得敌军人心惶惶。轰炸机上的飞行员多采用这种战术：从1 800米的高度向下急速俯冲，并借助飞机的双翼来瞄准目标，而轰炸机上的俯冲制动器则会自动调整并保持准确的俯冲角度。炸弹通常从275米的高度投下，炸弹投掷完毕之后，自动复原系统会将轰炸机从近乎垂直的俯冲状态中拉回来。飞行员在此过程中要承受约6个G的过载。斯图卡式轰炸机经常在距离目标数米远的地方投下炸弹，而且常常一击即中，传统的轰炸机想要做到这点就只能靠运气了。

斯图卡式俯冲轰炸机配备了双联后射机枪，同时还有固定的起落架和鸥形翼，因此它的飞行速度较慢。并且，遇到飞行技术出众的现代战斗机时，后射机枪的保护作用微乎其微。俯冲完成之后的爬升过程是斯卡图式俯冲轰炸机最为薄弱的时候。不列颠战役中，斯图卡式俯冲轰炸机遭到喷火式战斗机和飓风式战斗机的猛烈攻击，受损严重，最后不得不退出这场战役。

斯图卡式俯冲轰炸机在苏联和北非战场上将自身的优势发挥到了极致，大量坦克葬身在它的攻击下。但是好景不长，1942年初至年中，英国皇家空军重新取得空中优势，斯图卡式俯冲轰炸机在北非的辉煌时光就此告一段落。

斯图卡式俯冲轰炸机在海面上也有一段辉煌而悠长的历史，在地中海地区尤为如此。意大利、希腊群岛以及北非海岸的机场上都曾有它们的身影。英国皇家海军在1944年获得美国格鲁曼（F6F）地狱猫战斗机之前，一直没有真正有效的、以航空母舰为基地的战斗机，这或许也是斯图卡式俯冲轰炸机能够称霸海面的原因之一。英国皇家海军之所以迟迟没能获得有力的战斗机，恰恰是因为战争期间战斗机的采购控制在英国皇家空军手里，他们对航母战争兴趣索然，现有的战斗机也表现平平——这一点与当时美国和日本的情况截然相反。

斯图卡式俯冲轰炸机给穿行在地中海的英国护航队造成了大量人员伤亡和船只受损，为马耳他岛提供支援的护航队损失尤为严重。马耳他岛本身也在斯图卡式俯冲轰炸机的攻击下变得千疮百孔，当地码头上的船只被炸得七零八落，就连"光辉"号航空母舰也未能幸免。1941年，在克里特岛之战中，斯图卡式俯冲轰炸机被广泛使用。其目的既是为了支持德军空降，也是为了阻止驻扎在克里特岛的英国军队从海面撤退。

对页图：1942年9月至10月，纳粹德国进攻斯大林格勒时城市上空的斯图卡式俯冲轰炸机

上 图（上方）：JU-87斯图卡式俯冲轰炸机俯冲前在空中进行半旋转

上 图（下方）：斯图卡式俯冲轰炸机在近距离支持地面部队和攻击船只时，将自身优势发挥到了极致。战争前半场，盟军尚未取得空中优势时的情况尤为如此

07 滑雪板

苏联借口增强列宁格勒军区的防御纵深，对芬兰提出割让领土的要求。遭到拒绝后，苏联于1939年11月30日出兵入侵芬兰。当时芬兰军队仅有10个师，且军备缺乏，大炮、迫击炮、无线电通信设备和炮弹等严重不足，但是他们依然下定决心，要保卫芬兰独立。1917年十月革命之后，他们从苏联手里夺回了芬兰的主权。经过训练，芬兰士兵将自身优势发挥到了极致，无论冬夏他们都自由穿梭在莽莽林区，如同在自家后院一般轻松随意。冬季白雪覆盖大地，他们就通过滑雪来增强部队的机动性。

入侵开始之前，苏联与芬兰之间曾展开一系列谈判，芬兰军队利用这段时间移动至自己的防御阵地。1 000千米长的边境线上有一大半都是人迹罕至的荒野，森林和湖泊均被大雪覆盖，现代军队无法通行。芬兰元帅卡尔·古斯塔夫·埃米尔·曼纳海姆利用这里的自然环境，在65千米长的曼纳海姆防线上集结了6个师的兵力，另外2个师则被安排在拉多加湖东北部长约80千米的边境线上。曼纳海姆防线位于芬兰湾和拉多加湖之间的卡累利阿地峡之中。

苏联向芬兰派遣了26个师，共计120万人。这支部队配备精良，除了数量充足的运输汽车和大炮，他们还有1 500辆坦克、3 000架飞机。与此同时，这支部队的弱点也十分明显：斯大林近期的清洗活动使军队缺少优秀的高级将领，整支部队的长官都是些对领导人阿谀奉承的谄媚之徒。因为害怕突如其来的死刑或者被送往古拉格集中营（这还是比较幸运的情况），苏联军队的长官变得优柔寡断，他们不敢流露出与苏联军事学说相悖的作战理念。此外，士兵们对冬季战争准备不足。他们没有雪地里用的白色伪装作战服、交通工具及其他设备，也没有足够的防冻保护措施，更没有滑雪部队——在亚寒带气候的战场上，这一点足以致命。

苏联以1个师的兵力进攻芬兰北部的贝柴摩地区，但半道上却戛然而止；他们对赫尔辛基、汉科和图尔库的水陆夹击也都被芬兰军队一一化解。苏联凭借12个装甲师突破卡累利阿地峡，自身损失惨重，战争一时陷入僵局。刚开始的时候，芬兰人对装甲战毫无经验，也没有反坦克武器，对苏联的坦克部队一筹莫展。但是他们很快便醒悟过来，学会用莫洛托夫鸡尾酒①在漫长的冬夜里将苏联坦克撑得鸡飞狗跳——苏军坦克没有步兵支援的时候更是如此。

12月末，芬兰人在东部战线上发起反击，他们的滑雪部队穿过森林，从两翼包抄困在路上的苏联军队。苏联军队形成分散的"刺猬"形防御姿态，这种战术的防御性虽然不错，但是每个集群的力量太过弱小，很容易被逐个击破。在苏奥穆斯萨尔米战役中（1939年12月

---

① 一种攻击装甲车辆用的燃烧弹。——译注

对页图：芬兰士兵夹着滑雪杖，手持上膛的来复枪前行

上　图：滑雪过程中进行半犁式转弯的芬兰人，出色的野外滑雪技术使他们比苏联步兵更加灵活机动

下页图：戴着防毒面具，身穿白色伪装作战服的芬兰步兵

11日—1940年1月8日），苏联的2个师在以四、甚至以五敌一的情况下，被芬兰人拉成数英里长的战线。芬兰的滑雪部队将苏联的2个师砍成数段，分而击之；而苏联军队则太过笨重，难以反击。这场战役中，芬兰军队缴获了65辆坦克、437辆卡车、10辆摩托车、92门野战炮、78挺反坦克炮、13门高射炮、6 000把步枪、290挺机枪，以及大量无线电通信设备。此外，还有27 500名苏联士兵阵亡、43辆坦克和270辆其他交通工具被毁。芬兰这边则有900名战士阵亡、1 770人负伤。1940年2月1日，苏联的铁木辛哥将军不顾军队伤亡，另外调来9个师的部队，重整军队，对芬兰防线发起一系列大规模进攻。同年2月13日，苏联红军在苏玛取得突破，翼侧卷击芬兰防线。3月12日，芬兰同意签署和平条约。

　　这场战争中，苏联损失了20万兵力以及无数装备；而芬兰则折损了2.5万兵力及十分之一的国土。苏芬冬季战争中苏联的拙劣表现所带来的重要影响之一是使英国、美国，尤其是德国都大大低估了苏联的军事力量。1941年6月，希特勒发起侵略苏联的"巴巴罗萨计划"。行动之初，希特勒认为这是件轻而易举的事。"巴巴罗萨计划"实施数月之后，英美两国也持同样观点。

08 "格拉夫·施佩海军上将"号

"袖珍战列舰""格拉夫·施佩海军上将"号是三艘德意志级巡洋舰中最新的一艘。它在希特勒掌权之前、德国仍然恪守1919年缔结的《凡尔赛条约》之时，便已建造完工。根据《凡尔赛条约》的规定，德国军舰的排水量最大不得超过10 000吨。实际上，德意志级装甲舰系列均超出这个标准1 700吨。

"格拉夫·施佩海军上将"号和它的姊妹舰（"德意志"号和"舍尔海军上将"号）并非战列舰，而是重火力、轻装甲、具备强续航能力的商船掠夺者。速度比它快的舰只火力比它弱，火力比它强的舰只则无法在速度上超越它。能够与它较量的，只有英国皇家海军的"胡德"号、"声望"号以及"反击"号战列巡洋舰。对"格拉夫·施佩海军上将"号而言，英国皇家海军的

这三艘战列巡洋舰是重大潜在威胁。如果德国人将计划中的八艘德意志级战列巡洋舰全部建造出来的话，这也是《凡尔赛条约》所允许的，即便是英国的三艘战列巡洋舰也不能与之匹敌。而另一方面，1922年2月6日签署的《华盛顿海军条约》又禁止英国建造更多的战列舰。

为解决但泽危机——但它最终还是引发了第二次世界大战——相关国家采取了一系列外交措施。但同时，德国的"格拉夫·施佩海军上将"号和"德意志"号却分别在1939年8月21日和23日，从德国威廉港驶往各自的预定作战区："格拉夫·施佩海军上将"号驶往南大西洋，"德意志"号驶往北大西洋。其目的是想在商船航线上形成长期威慑，从而牵制英军的海上力量。平均每天都有2 500艘挂着红色米字旗的船只经过，所以它们的猎物数量充足。入侵波兰之后，希特勒向英、法等西方国家提出所谓的"和平倡议"，未果。9月24日，在希特勒的允许下，这两艘袖珍战列舰，"格拉夫·施佩海军上将"号和"德意志"号开始了它们在大西洋上的猎杀行动。

在击沉两艘商船之后，"德意志"号被召回德国，并更名为"吕佐夫"号，原因是希特勒担心，该舰一旦被击沉就代表着德意志帝国的覆灭。"格拉夫·施佩海军上将"号则在朗斯多夫船长的指挥下，击沉了9艘船只。1939年12月12日，英国海军准将哈伍德带着重巡洋舰"埃克塞特"号、轻巡洋舰"阿贾克斯"号和"阿基里斯"号，将"格拉夫·施佩海军上将"号围困在距离乌拉圭拉普拉塔河河口240千米的地方。

比起"埃克塞特"号，"格拉夫·施佩海军上将"号的装甲更加坚固，舰艇上有2座三联装280毫米主炮，8座单管150毫米炮，火力远胜于重巡洋舰，更何况"埃克塞特"号不过是配备了152毫米炮的轻巡洋舰。"格拉夫·施佩海军上将"号的柴油发动机功率为54 000马力，即便不依靠补给船加油，其航行的活动半径也可达

对页图：在船长的命令下实施自沉的"格拉夫·施佩海军上将"号

上　图：蒙得维的亚附近海域上的袖珍战列舰"格拉夫·施佩海军上将"号，船员正在甲板上检查舰只在拉普拉塔河口海战中的受损情况

16 000千米——比蒸汽船的活动半径高出两倍多。"格拉夫·施佩海军上将"号还配备了水上侦察机和搜索雷达，以便寻找捕猎对象和敌军战舰。当时，英国船只很少配备雷达这种先进的系统。

尽管舰只大小和火力配备实力悬殊，哈伍德准将还是下令从两翼进攻"格拉夫·施佩海军上将"号，一场海上追击战开始了。在哈伍德准将看来，"格拉夫·施佩海军上将"号就像是"烟幕后面扭动的鳗鱼"，其炮火十分精准，"埃克塞特"号严重受损，最后不得不退役；另外两艘轻巡洋舰"阿贾克斯"号和"阿基里斯"号仍然在战场上坚持战斗。但不久之后这两艘轻巡洋舰也受损严重，哈伍德准将不得不下令撤退。"格拉夫·施佩海军上将"号的船长朗斯多夫并没有恋战，他下令舰只径直驶往乌拉圭首都蒙得维的亚。朗斯多夫船长身上有两处伤口，还一度陷入昏迷。到达蒙得维的亚之后，英国人故布疑阵，使朗斯多夫船长相信英国人已经集结了大量兵力，只待"格拉夫·施佩海军上将"号出现。英国驻蒙得维的亚大使也参与了这场骗局，他拖住"格拉夫·施佩海军上将"号，为英国增援部队的到来争取时间。增援部队包括"皇家方舟"号航空母舰、战列巡洋舰"声望"号。

朗斯多夫船长认为，再次参战只会给"格拉夫·施佩海军上将"号带来更多损伤，船员也会白白牺牲。纳粹德国海军总司令雷德尔上将和希特勒都认为，乌拉圭不可能收留"格拉夫·施佩海军上将"号。

12月17日下午4点15分，"格拉夫·施佩海军上将"号载着基干船员，拔锚起航，慢慢驶入拉普拉塔河河口。晚上7点36分，"格拉夫·施佩海军上将"号降下旗帜。20分钟后舰只发生剧烈爆炸，大量进水，随后舰体断裂，触底沉没。在滚滚浓烟和熊熊火焰中，"格拉夫·施佩海军上将"号的残骸漂到一片沙滩上。此时，"皇家方舟"号和"声望"号还在1 600千米外。

三天之后，朗斯多夫船长身上覆盖着德国国旗（非纳粹"卐"字旗），开枪自杀。他在遗书中写道："对于'格拉夫·施佩海军上将'号装甲舰的沉没，责任全在于我。为了不辱没这面旗帜的光荣，我愿意付出生命。"

09 丘吉尔的雪茄

许多照片里，温斯顿·丘吉尔都以嘴里叼着或手里夹着雪茄的形象出现。甚至还有一张照片，是1942年1月他驾驶飞机从华盛顿返回英国，坐在驾驶舱抽雪茄的样子。

1895年11月，离丘吉尔的21岁生日还有10天——去年末才从英国皇家陆军军官学校毕业的他，当时已经是第四轻骑兵团的中尉——他同好友雷金纳德·巴恩斯一起前往古巴，当时西班牙殖民者正在镇压古巴人民起义。动身之前，他说服《每日画报》发表他对古巴起义的报道，还专门拜访了当时的英国陆军总司令沃尔斯利，并在后者的帮助下，与军事情报局局长查普曼将军见面。军情局给他提供了地图和相关情报，并要求他尽可能多地刺探古巴军事情报，包括西班牙军队使用的金属外壳子弹的效能。

不论是在当时还是现在，能够以中尉级别接触到如此高层人物的人都寥寥无几，丘吉尔凭借家族力量获得的影响力由此可见一斑。他带回情报的同时还给自己的母亲兰道夫·丘吉尔夫人写了一封信，"我会带回许多哈瓦那雪茄，您可以放一些在大坎伯兰广场35号的地窖里"。大坎伯兰广场35号是丘吉尔的母亲在伦敦的新住处。

丘吉尔在古巴待了一个月，在此期间，他为《每日画报》发回了5篇新闻稿，描述了战争的场面，为起义军赢得一些同情。谈到西班牙军队的战斗力时，他对《纽约世界报》这样说道："我不想妄加评论他们的勇气，但是他们在撤退方面十分在行。"一次进攻中，丘吉尔和瓦尔迪兹将军一起行动。他后来给母亲写了一封信，信中这样说道："他（瓦尔迪兹将军）吸引了大量火力，我听见许多子弹朝着我们呼啸而来，心里觉得十分满足。"正如他对《每日画报》所说的那样，子弹的声音听上去"有时像一声叹息，有时候像一声口哨，有时候像被惹怒了的大黄蜂发出的嗡嗡声"。丘吉尔一生酷爱战场，战场上的见闻充实了他的生命。1944年6月6日，英王乔治六世不得不写信给丘吉尔，强制要求他离开诺曼底海滩。

在古巴，丘吉尔养成了另一个伴随他一生的习惯：抽古巴雪茄。他信守对母亲的承诺，从古巴带回来大量雪茄。此后，他每天都要抽6到10支雪茄。他在表链上拴了一把雪茄切刀，但却从来没用过；相比之下，他更喜欢用火柴在雪茄上戳孔。此外，他抽雪茄时常常不顾及烟灰，衣服和地毯因此被烫出了许多小洞。

在二战欧洲战场结束之后的波茨坦会议中（1945年7月16日—8月2日），斯大林告诉丘吉尔，他也喜欢上抽雪茄了。丘吉尔说，要是向全世界公布一张斯大林抽雪茄的照片，一定会引起巨大轰动。雅尔塔会议（1945年2月4—11日）结束之后，丘吉尔回到英国，设宴款待沙特阿拉伯国王伊本·沙特。他得知，伊本·沙特是严格的瓦哈比派穆斯林，从不允许别人在自己的面前抽烟。丘吉尔后来写道："我是宴会的主人，我告诉他，如果他的宗教信仰要求他说出这番话，那我的宗教则认为，在饭前、饭后，甚至吃饭的时候，以及两顿饭之间抽雪茄、喝酒是一件再神圣不过的事；他被我说得哑口无言。"沙特阿拉伯国王不甘示弱地予以反击，他向丘吉尔敬酒，"表面上像是一杯难闻的鸡尾酒，后来发现是春药"，丘吉尔如此写道。

对页图：身穿连衣裤的丘吉尔在书房抽雪茄

上　图：2011年1月17日，宝龙伯得富拍卖公司拍卖丘吉尔抽过的半支雪茄

10 U型潜艇

1919年签订的《凡尔赛条约》特别规定，德国不得拥有潜艇——德语中叫Unterseeboot（也就是人们所熟知的U型潜艇）。尽管如此，德国依旧于1922年在荷兰海牙成立了设计局，以确保德国在潜艇方面的发展不会落后于他国。德国人利用荷兰鹿特丹和芬兰首都赫尔辛基的空地建造潜艇，出口给土耳其、西班牙以及芬兰。这一时期他们积累了大量设计经验，为日后建造德国潜艇打下了基础。除此之外，德国人还在芬兰船只上秘密开设了潜艇船员培训课程。如此一来，希特勒掌权并公然撕毁《凡尔赛条约》之时，德国已经有能力马上开始建造潜艇，训练更多的潜艇船员。

1935年1月，德国人开始在不来梅建造U型潜艇，第一批潜艇1A型是在出口给芬兰和西班牙的潜艇基础上发展而来。1935年3月25日，德国宣布重整军备。他们以之前的设计经验为支撑，在10个月内建造了10艘VII A型潜艇，为之后成功建造VII B型和VII C型潜艇打下了基础。VII B和VII C面世之后迅速成为德国海军的主力潜艇，还参与了1939—1943年期间的大西洋战役。

和二战中其他国家海军部队的潜艇一样，U型潜艇只在必要的时候下沉。柴油发动机使潜艇具有强大的续航能力和很高的水面航行速度。下沉的时候使用电池组，潜艇可以8节的速度航行1小时左右，或者以2节的速度航行4天。尽管潜艇内有供氧设备和吸收二氧化碳的设备——这是德国人首创的技术——潜艇入水超过一天，内部的空气就会变得十分污浊。电池组的电能耗尽时，潜艇不得不浮上水面，启动柴油发动机，并且重新充电。以柴油发动机为动力的大型潜艇即便没有能源补充，其水面续航能力仍然是驱逐舰的好几倍。德国大型潜艇VII C型的航程达到2.33万千米，比它更大的IX D型潜艇甚至达到了5.93万千米。绰号"奶牛"的XIV大型潜艇则被用作油船，增强其他潜艇在南大西洋和地中海海面上的续航能力。

到1942年中，盟军研发出厘米波长机载雷达，并将其安置在盘旋在大西洋上空的超远程飞机上。如此一来，U型潜艇即便是在夜间浮出水面也是危险重重，"奶牛"也面临着这样的困境。四处寻求解决办法的德国人忽然想起1940年入侵荷兰时虏获的荷兰潜艇，答案就在那里。荷兰潜艇内有一根伸向水面的通气管，让处在潜望深度的潜艇能够察看水面上的情形。潜艇下潜或是有大浪打过来时，通气管顶部的阀门会自动关闭，这和今天潜水员使用的潜水通气管中的滚珠是一个原理。到1944年中，U艇部队中有半数的潜艇都配备了这种通气管。但这些潜艇都面临着一个问题：航行速度不能超过6节，否则通气管就有破裂的危险；有时候阀门紧锁，通气管无法打开，柴油发动机只能从潜艇内部吸取所需的氧气，直到最后因为氧气殆尽而停止运作。与此同时，潜艇内部的真空状态会造成船员耳鸣甚至是耳聋。此外，柴油机发出的巨大噪音使搜索敌人的声呐无法正常工作，敌军护卫舰来临时也毫不知情。

德国人不断寻求改进潜艇的方法，希望挫败盟军不断发展的反潜艇技术。XXI型电动潜艇在蓄电能力方面大大增强，如果不使用通气管换气的话，其水下航行速度最高可达17.2节，并且能够以5节的速度航行676千米。对盟军来说，幸运的是XXI出现的时间太晚，错过了服役参战的机会；更幸运的是，德国的另一项发明，使用涡轮推进系统的潜艇也是如此。过氧化氢发生化学反应，产生氧气和水蒸气，使用涡轮推进系统的潜艇就以此为动力，不需要利用潜艇外部的空气。这也是如今核动力潜艇的先驱。

对页图：一名U型潜艇的舰长正通过潜望镜追踪目标

上 图：1944年6月4日，U-505潜艇在非洲西部的大西洋海域被俘。俘获它的是由护航航空母舰"瓜达尔卡纳尔"号和护卫舰组成的美国海军特遣舰队

11 马其诺防线

第二次世界大战爆发时，法国视马其诺防线为重要依靠，认为它可以有效防止德军入侵，或是震慑其侵略野心。马其诺防线以法国1929年到1932年期间的陆军部长马其诺的名字命名，第一次世界大战时，身为军士的他在凡尔登战役中负伤。凡尔登战役中若干堡垒的失守导致法国人险些输掉这场战役。凡尔登战役和一战其他战役中得到的经验，以及法国在战争中遭受的严重损失使法国人坚信，堡垒和大炮是未来任何一场战争的关键所在。他们由此落入一个老掉牙的陷阱：以上一次战争的经验来备战下一次战争。

建于1930年到1935年之间的马其诺防线从卢森堡一直延伸到瑞士边境。马其诺防线并不是一条几何意义上的直线，它是一道由一系列钢筋混凝土工事筑成的防线，每隔约5千米就有一处堡垒，沿线还分布着半独立的碉堡。除了观测塔和炮塔之外，防线上的工事都隐蔽得天衣无缝；观测塔和炮塔还可以降至与屋顶齐平。预警哨、反坦克障碍物、铁丝网和地雷将堡垒遮蔽得严严实实。每个碉堡的驻军从12到30人不等，堡垒里则有200至1 200人不等。堡垒类似于地下村庄，里面有营房、厨房、发电机、弹药库，甚至还有电气化铁路，将士兵和弹药从营房及弹药库运往炮台。碉堡里配备了机枪和47毫米口径的反坦克炮，堡垒里还有重型火炮。

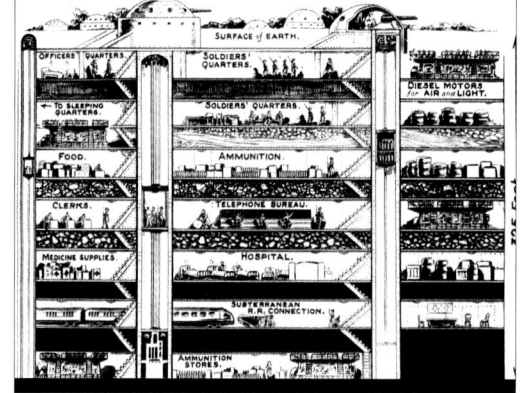

马其诺防线在建时，比利时仍然是法国的同盟。法国人据此认为，将马其诺防线延长并覆盖400千米长的法比边界的做法有失体面，会让人以为法国对比利时抵抗侵略的能力没有信心，从而使比利时"站错队"。马其诺防线没有加长的另一个原因是花费。截至1935年，马其诺防线共修筑了139千米，花费了40亿法郎，超过预算达30亿法郎之多。除此之外，要延长马其诺防线就不得不穿过里尔-瓦朗谢纳的重工业区，这会给法国的工业发展带来极大破坏。为了守住这片土地，法国人决定以一战为戒，把侵略者挡在法国边境线之外。所以，在比利时准备严守中立立场时，法国人就计划好，不管比利时同意与否，只要德国从东边入侵，他们就从西边进入比利时的领土。1940年5月，中立的比利时也遭到入侵，遂允许法国人踏入比利时国土。但是他们没有在花费了大价钱修筑的由钢筋水泥构成的马其诺防线之后作战，而是被迫在广阔的乡村地带与德军展开机动作战——这一点，他们无论是在心理上还是组织上都未做好准备。

局势让人非常不安，而就在此时，德国人的装甲部队又穿过了号称"装甲车辆不可能通过"的阿登高地，把法国军队切成两半，成为压垮法国人的最后一根稻草。法国人把最精锐的部队派往了比利时，后备兵力不足以应战。温斯顿·丘吉尔飞往巴黎察看情况时，询问当时的法军总司令莫里斯·甘末林将军："你们的战略预备队在哪儿？"甘末林回答道："我们没有战略预备队。"本来可以构成预备队的士兵被放在马其诺防线上无所事事，直到战争的最后时刻才从马其诺防线上拉过来。但他们缺乏训练，也缺少装甲车或者自行火炮等战略预备部队所应有的装备，无法与高机动性的敌军作战。

对页图：1940年1月，一本英国杂志中关于马其诺防线的插图。其目的是要英国民众相信，马其诺防线凭借大量的食品储备、药物供应以及地下医院等，是无法被攻破的。图片中的电气轨道实际规模要小许多

上　图：照片中央的圆顶形建筑兼作旋转炮塔和观测塔，遭遇重型火炮轰炸时，可降至与地面齐平；远处是混凝土暗炮台，里面有重型火炮

下　图：法国军官向前来参观的英国军官介绍马其诺防线

12 民用防毒面具

第二次世界大战开始之前的两年和开始之后的两年内,人们坚信任何针对联合王国的进攻都会用到毒气。究其原因,是因为一战的时候军队作战时经常使用毒气,虽然没有针对平民,但英国人仍然惶惶不安。此外,空军的支持者认为,未来战争中会使用毒气进攻城市,意大利的朱里奥·杜黑少将就是其中的代表。空投炸弹会使人群立即崩溃的预言四处流传,对此他和其他空军支持者应负主要责任。尽管这些预言最后都被证明不过是些耸人听闻的夸张之语,但英国政要对此却深信不疑。除此之外,英国皇家空军宣称敌轰炸机终究会到来,这也加剧了英国领导人的恐慌,而这不过是战时军队申请经费的常用伎俩。和杜黑少将的预言一样,这些最后都被证明是无稽之谈。

1939年9月,唯一具备进攻型毒气战能力的只有苏联。德国虽然拥有2 900吨毒气,但却因为希特勒曾禁止使用毒气而未投入战场。随着战争形势的发展,德国人研制出一系列神经毒气,但却没有投入使用。尽管如此,英国人仍然坚信,英国平民会遭到毒气攻击,先入为主的观念深入骨髓。英国的毒气防护、毒气探测以及毒气净化水平在世界上排名第一。1938年,英国生产了大量民用防毒面具;到1939年9月,英国政府向全国的普通市民家庭分发了大约3 800万副防毒面具。

英国政府要求,人人都要时刻随身携带装在纸板箱里的防毒面具,相关宣传海报和佩戴指导流传甚广。儿童和婴儿还有专用防毒面具。督察员拿着木制的毒气警报器,一有风吹草动就随时发出警报;只有钟声响起,警报方可解除。

由于市民没有防护服,一旦遭遇芥子气之类的毒气攻击,他们裸露在外的皮肤就会出现严重的水疱。所以,尽管英国大力推行防毒面具——没有按规定佩戴的人还会被罚款,但他们对毒气的预防措施并没有表面上那么奏效。

随着战事的推进,人们不再携带防毒面具,就连1940年还全副武装的士兵也是如此。讽刺的是,德国人正在这时才开始研制神经毒剂塔崩。战争进入尾声时,更加致命的沙林毒气已准备投入生产,最为致命的梭曼毒气也在研发中。而当时,无论是普通平民还是盟军都没有能够抵抗神经毒气的防护服。

到最后,英国政府发给市民的防毒面具还是没能派上用场,担心报复的纳粹德国最终也没敢使用神经毒气。

上　图:绍森德的一次毒气演习中,防空队员给一位带着两个小孩儿的母亲指路

左　图：提醒市民随身携带防毒面具的海报，上面有佩戴之前的正确手握方式

下　图：英国分发给普通市民的防毒面具

13 三菱A6M零式舰载战斗机

三菱A6M零式舰载战斗机是第二次世界大战中日本军队最著名的战斗机，也是第一款战斗力超越了同时期陆基战斗机的舰载战斗机。早在1940年，美国对日宣战的前一年，"零式"就出现在中国战场上。当时正在中国协助中国军队作战的飞虎队指挥官克莱尔·李·陈纳德将军，向美国有关部门汇报了"零式"的情况，却没有引起重视。在日本偷袭珍珠港以及之后的太平洋战争中都有"零式"的身影，它的亮相让美国人和英国人都大为震惊。

日本海军要求生产一款最高飞行速度达到每小时500千米、配备两门机炮和两挺机枪的战斗机，三菱重工接下这项任务，研制出零式舰载战斗机。因为1940年投入生产时正好是日本皇纪2600年，所以它又被称为"零战"（零式战斗机）。"零式"的盟军官方编号为"齐克"（Zeke），盟军直接称它为"零式"（Zero）。1940年中，"零式"在中国战场首次亮相；战争的第一年，"零式"横扫盟军战斗机。日本人由此相信，零式舰载战斗机是不可战胜的。

"零式"具有体形轻巧、灵活性强、航程远等特征。其最高速度超出了当初的设计参数，可达每小时563千米；使用副油箱其航程可达3 060千米。当时，美军的舰载战斗机的航程才2 820千米。除了从航母上起飞，零式战斗机还能从岛屿基地上起飞。瓜达尔卡纳尔岛战役中（1942年8月7日—1943年2月），零式战斗机就曾从距离战斗区域1 050千米远的岛上起飞。低速飞行时，笨重的美军战斗机根本不是"零式"的对手。战争

对页图：日本海军的"飞龙"号航空母舰的飞行甲板上，水手正在调试零式舰载战斗机，为1941年12月7日偷袭珍珠港做准备

上　图：美国空军国家博物馆，二战展厅中的零式舰载战斗机

初期，它的爬升度是其对手战机的两倍。零式舰载战斗机是有史以来最灵活的战斗机，在训练有素的海军飞行员的操作下，它们可以成为致命武器，与当时世界上任何一种战斗机相比都毫不逊色。美国人因此还有一句谚语："不要和零式战斗机缠斗。"

零式舰载战斗机的缺陷在于：为了追求高性能，并装备比美国和英国战斗机更重的机炮，牺牲了自身的防护。到1943年末，零式战斗机相对于美军战斗机逐渐失去优势，格鲁曼F6F地狱猫舰载战斗机出现之后更是如此。日本于是研制出零式A6M5c战斗机，其改进包括：

机体尾部有大型帆布漂浮袋，防止飞机在海上迫降时沉入海底，最主要的作用还是方便飞机在航母上的降落或起飞；两侧机翼上各有一门20毫米机炮，以及一挺13.2毫米重机枪；发动机上方也有一挺重机枪，能够穿过螺旋桨开火。但是驾驶舱里除了防弹玻璃之外，没有其他的装甲保护；战斗机本身也没有自封闭油箱。经过改进的"零式"在面对地狱猫时仍然没有任何胜算。

随着日本军队在战场上的节节败退，曾经显赫一时的零式舰载战斗机最后成为神风特攻队自杀式袭击的主要机型。

14 88毫米炮

德国88毫米炮的设计初衷是用于防空，但它却成为第二次世界大战当中最令盟军胆寒的反坦克武器。德国人在战争中生产了成千上万门88毫米炮，将其作为防空炮。88毫米炮的炮口初速极快，对空射程极远，其威力虽然不及制式与之最为相近的英国94毫米重型防空炮，但它的高炮口初速和因此带来的平直弹道仍然使之成为当之无愧的强大反坦克炮。

西班牙内战（1936—1939）期间，德国的秃鹰军团用88毫米炮来对付装甲车辆时，发现了它作为反坦克武器的巨大潜力。1940年的法国战役当中，德国军队在法国和佛兰德地区的战斗序列中含有若干防空营，这也是英国和法国军队第一次遭遇88毫米炮。德国人发现，他们的37毫米反坦克炮不能穿透英国的玛蒂尔达MK II型坦克以及法国巴塔耶B型坦克的正面装甲，而88毫米炮却能做到这一点。1940年5月21日，英军在阿拉斯反击战中体验了88毫米炮的强大威力。英国人在这场战役中首次遇见埃尔温·隆美尔——当时他还只是纳粹第七装甲师的少将。隆美尔亲自下令第七装甲师的反坦克炮向进攻瓦伊（位于阿拉斯西南部）的英国坦克开炮，迫使英军停下进攻步伐。

英国人后知后觉。德国人在北非战场上多次使用88毫米炮，给英军带来了毁灭性的打击。他们往往采用这样的策略：表面上将装甲部队撤回，英国坦克自以为是地穷追不舍，随后便掉入陷阱当中，被掩蔽良好的88毫米炮击成碎片。到这时，88毫米炮的反坦克版本才正式被冠名为装甲防御加农炮（Panzerabwehrkanone），简称PAK。

在苏联战场上，88毫米炮是唯一能够穿透苏联T-34坦克装甲的反坦克炮；只有距离特别近的情况下，德国37毫米和50毫米炮的炮弹才能发挥作用。88毫米炮在苏联平坦的地形可以充分发挥其优势，在沙漠地带亦是如此。在诺曼底的牧草地和意大利的山区里，88毫米炮威力不如在平地和沙漠当中，但依旧让人心惊。

在诺曼底战役中的古德伍德战斗（1944年7月18—20日）当中，88毫米炮的用途之广得到最佳证明。三个英国装甲师希望通过这次战斗把战线推进至卡昂东部的旷野地区。卡昂南部地区地势起伏不平，村庄和小树林遍布，再往西则是用树篱隔开、中间夹杂有树丛的小块牧草地，两者地貌大不一样。进攻顺利推进，英国第十一装甲师接着朝一个名为卡基内的村庄出发，随后在那里遭到重创。纳粹第十六野战师的4门88毫米炮镇守卡基内，纳粹第二十一装甲师的指挥官汉斯·冯·路克上校当时也在卡基内，他要求纳粹野战师指挥官迎战英国装甲部队。指挥官提出异议时，冯·路克用手枪指着他的肚子说，"你要么现在死在我的枪下，要么一会儿死在战场上，还能获得一块奖章"。于是88毫米炮的炮口从指向天空转向来袭的英国坦克。英国第十一装甲师当天共损失了126辆坦克，其中多数都毁于88毫米炮的炮口下。

在交战双方看来，88毫米炮堪称二战中最具威力的反坦克炮。数种装甲战车上也配备了88毫米炮，其中著名的有犀牛、费迪南和猎豹三款反坦克装甲车以及虎式重型坦克。

对页图：苏联战场的装甲部队使用的安装在36毫米防空炮十字形底盘上的88毫米炮

上 图：安装在轮式底盘上的88毫米炮，比起安装在防空炮底盘上的88毫米炮，它更容易牵引和部署，进行反坦克作战的时候尤为如此

15 小船

1940年5月26日—6月4日，英国远征军从敦刻尔克撤退，小船在其中扮演的角色给世人留下了深刻的印象。

1940年，敦刻尔克是当时英吉利海峡两岸最大的港湾，拥有7个深水船坞、4个干船坞以及8千米长的驳岸。英国远征军决定撤退时，敦刻尔克港口正遭到纳粹德国空军的持续进攻，驳岸在连绵的炮火中严重受损，因而无法使用。英国人于是计划从敦刻尔克东部一片16千米长的沙滩上撤退。敦刻尔克东海岸逐渐倾斜入海，就算最小的船只也只能停在距离海岸100米远的地方，士兵必须蹚过海水，才能登上小船。那里没有登岸码头，没有渔港，没有凸式码头。大型运输舰只能停在海面上，靠小船送士兵上船，这需要大量周转时间。当然，小船越多，这项工作也就进行得越快。

这次撤退行动代号为"发电机计划"，负责组织工作的是多佛尔港的司令，伯特伦·拉姆齐海军中将。他下令海军部小船营（the Admiral Small Boat Pool）在拉姆斯特盖尽量多地准备小船，拖船、拖网渔船、挖泥船、渔船（有的还在捕鱼）、舢板、快艇等都被叫过来，就连小型机动游艇的主人也因为"喜欢在船只中穿行"而跑来凑热闹。所谓的船长其实大部分都是船只的主人，英军发给他们海图，上面标明了前往敦刻尔克的航线。许多船主之前从未穿越过英吉利海峡，他们的航海知识十分缺乏，有的人甚至从未离开过泰晤士河的水面。直接前往敦刻尔克的航线与当时被德国人占领的法国城市加来距离很近，一旦有船只靠近其海域，德国军队就会开火进攻。直接前往敦刻尔克的计划行不通，英国人只好采取迂回路线。另外，英国军队在英吉利海峡布下的雷区也成为航行的一大隐患，船队必须严格行驶在无雷航道上。

W.G.坦南特舰长代表拉姆齐海军中将在敦刻尔克岸上指挥一个由12名军官、150名海军士兵组成的陆地行动组。坦南特舰长5月27日到达敦刻尔克时，遭遇了德军的连续空袭。当天晚上，显而易见的是从沙滩撤退的速度慢得让人绝望。到5月27日深夜（28日凌晨），仅有7 669名士兵成功撤退至英格兰，这其中的三分之二还是在敦刻尔克港口瘫痪之前从那儿登船撤退的。但是坦特南发现，敦刻尔克港口外1 600米长的东部防波堤与沙滩之间有狭窄的堤道相连。当天晚上，一艘驱逐舰在他的命令下来到防波堤旁，之后又有6艘驱逐舰陆续到达。他的放手一搏成功了，这成为运送士兵的主要方法。5月28日下午，第一批小船在沙滩外开始行动，撤退工作得以提速。尽管如此，只有5月30日这天，从沙滩运走的士兵（29 512人）超过了从港口运走的士兵（24 311人），这也是截至当时运送士兵人数最多的一天。小船的任务就是把士兵从岸边运到在海面等待的运输舰上。这些平民船员在炮火连天时仍然日复一日、来来回回忙碌在海面上，他们的勇气毋庸置疑。

6月4日下午2点23分，英国海军部发出结束"发动机行动"的信号。初步估计大概有45 000名士兵获救；但实际上，这次行动一共拯救了338 226名士兵。敦刻尔克大撤退能够成功，小船的确功不可没，但对它们在大撤退所做贡献的过分拔高掩盖了皇家海军和商船船队的作用。其实，把问题放在当时的时代背景下，就容易理解了——为了鼓舞国民士气，增强民族凝聚力，小船的故事被政府反复宣扬。事实上，从敦刻尔克港口撤退的士兵是从沙滩撤退士兵的2.5倍；而且，从沙滩撤离的士兵中大部分是通过驱逐舰或其他船只撤离的，尽管很多情况下他们要靠小船或运输舰上的船只登上舰艇。直接靠小船从沙滩前往英格兰的士兵非常少。

对页图：敦刻尔克和德帕内之间的沙滩正处于低潮期，英国部队在沙滩上等待撤退

上　　图：敦刻尔克大撤退中，停在拉伊港口的一艘小船

下页图：一艘由拖网渔船牵引的机动游艇，两艘船上都挤满了从敦刻尔克沙滩上撤离的士兵

16 空降兵制服

第二次世界大战中，英国政府分发给空降部队的专用装备里，最受欢迎的也许就是空降兵制服了。第一款空降兵制服以德国伞兵制服为参考，外表酷似上下连身的工作服，只须把腿伸进去再将服装拉起来即可，唯一的不同之处在于裤子仅到膝盖上方。这款制服后来被丹尼森少校设计的"丹尼森式工作服"（军需品商店里都是如此称呼这款制服）所取代。丹尼森式工作服是棉质的半防水服装，上面有伪装图案；穿、脱则像运动衫一样从头上穿上、脱下。衣领上装有拉链，可一直拉到胸部以下；袖口是羊毛编织材质；工作服外面有四个口袋，胸部两个，腰下两个；衣领内侧是卡其色的法兰绒。

丹尼森式工作服背后有一条尾巴，可从两腿之间穿过，系在工作服前面内侧的纽扣上，防止衣服往上缩。在野外奔跑时两腿之间的"尾巴"与身体产生摩擦，带来不舒适的感觉，因此士兵往往不扣纽扣，任由尾巴拖在身后。北非的阿拉伯人将第一伞兵旅的士兵称为"长尾巴的人"也是出于这个原因。后来的改进版丹尼森式工作服在背后加了纽扣，尾巴不用时可往后扣在纽扣上。

丹尼森式工作服是穿在标准配置战斗服外面的罩衫。依靠其出色的设计，不仅空降兵对它褒奖有加，盟军突击队的队员也对其赞不绝口——1944年末，盟军突击队也分发了丹尼森式工作服。工作服拥有外置口袋并能覆盖士兵下半身，有效弥补了1939年引进的战斗服的不足。这款战斗服是在20世纪30年代末的滑雪服的基础上改进而来，对正在战斗的士兵来说其实并不实用。战斗服外面没有足够的口袋，士兵下半身没有遮蔽，匍匐前进一段时间之后衣服就会跟裤子分离。地图袋在裤子前面，而非侧面，匍匐姿势时要拿出地图十分困难。于是许多伞兵自己动手，在裤子侧面缝上一个大口袋。

丹尼森式工作服外面还要背负网状织带、跳伞包以及弹药袋。但是，伞兵从飞机上跳下来之后，降落伞的吊索经常和伞兵身上的装备搅在一起，酿成事故甚至致人死亡。一款无袖的帆布罩衫于是应运而生。这款罩衫穿在丹尼森式工作服及伞兵装备外面，上面有一拉到底的拉链，背后有尾巴。罩衫上有富有弹性的大口袋，用来放手榴弹；较之于把手榴弹挂在织带上从飞机上往下跳，这种方式要安全许多。不过穿戴者十分臃肿，看上去像怀孕了似的。伞兵着陆之后马上脱掉罩衫，上面的长拉链常被他们扯下来缝在丹尼森制服上，使它也能一拉到底。

丹尼森式工作服在高级军官中十分流行，即便是与空降部队无关的人也愿意利用自己的影响力弄套空降部队和盟军突击队的专用服装来穿。蒙哥马利元帅就经常穿着带长拉链和皮毛领的丹尼森伞兵服，英国第二集团军司令米尔斯·登普西将军也是如此。

空降兵制服，或者说丹尼森式工作服是杰出装备中的代表之作，直到20世纪70年代末，空降兵和突击队队员都穿这种制服。

对页图：在达科他的英国第六空降师的士兵在登机之前前往代号为"玉米粥"的演习现场，将降落伞吊带佩戴在罩衫和丹尼森制服上面，演习从1944年4月21日持续到25日，为6月6日的军事任务做准备

上　图：第二版丹尼森式工作服，拉链可开至胸下，手腕部分由布襟和扣子构成，而非编织的羊毛袖口

17 洛林十字架

法国洛林十字架比普通十字架多出一横,其历史最早可追溯到十字军东征的时候,当作天主教武装力量一员的圣殿骑士团将其当作纹章图案。当时,洛林十字架上的两个横条长度相等,和竖杆底部的距离也相等。之后,洛林十字架出现了另一种版本。这个版本的洛林十字架上,两个横条位于竖杆顶部,上方的横条短,下方的横条长。洛林十字架还是法国洛林省军队制服的组成部分。普法战争(1870—1871)中法国战败,洛林省北部和阿尔萨斯省被割让给德国,直到1918年一战结束后方才归还给法国。对许多法国人来说,洛林十字架既象征着割让给德国的领土,也象征着他们要夺回这片领土的决心。第一次世界大战后,洛林和阿尔萨斯重回法国怀抱;但二战时(1940年)再次被德国占领。

1940年6月法国投降前夕,当时还籍籍无名的法国上校夏尔·戴高乐升任准将,同时被任命为国防部副部长。他是法国军队中资历最浅的将军。在英法两国的部长会议期间,他以法军将领的身份两次会见丘吉尔。戴高乐给这位英国首相留下了深刻的印象。6月16日,法国向德国提出停战协议时,这份好印象给戴高乐带来了帮助。他乘坐英国皇家空军的飞机前往英格兰,并获得授权在英国广播公司(BBC)呼吁法国人民坚持抗战。数日之后,英国政府意识到,不论"自由法国"的成员"身在何方",戴高乐都是他们的领头羊,遂同意为"自由法国"部队提供经费。在此关头,海军军官蒂埃里·达尚利尔少校向夏尔·戴高乐将军建议,以洛林十字架作为"自由法国"的标志,与纳粹德国的"卐"字徽章相对抗。于是"自由法国"海军舰队的三色旗上、空军飞机上以及士兵的制服上都饰以洛林十字架。

法国向德国投降后,在维希小镇成立了新的法国政府,管理法国尚未沦陷的残山剩水。倡议成立"自由法国"的戴高乐被这个政府宣判了死刑——这也算是他发出倡议之后收到的来自新政府的最有力的回应。1940年8月中旬,"自由法国"部队仅有2 240名军官和士兵。1941年初,法属赤道非洲宣布支持戴高乐,"自由法国"迎来了第一缕希望之光。法属赤道非洲之所以投到戴高乐旗下,原因之一在于英国远程沙漠部队(Long Range Desert Group)的存在。至此,戴高乐在非洲有了根据地。法国的菲利普·勒克莱尔将军也正是从这里出发,前往西部沙漠与英国军队会师。

1944年秋季,法国终于重获自由。这是成功的一年,但也是在这一年,戴高乐与英国人以及美国人之间的关系发生了如同过山车一般的急速转变。事实上,英国人从没有真正信任过戴高乐;戴高乐为人孤僻冷漠,有时候甚至非常难相处,这使他无法改善与英美之间的关系。1942年11月,英美盟军进攻法属北非殖民地,戴高乐事先对此毫不知情。盟军只与维希法国的高级官员打交道,有一段时间,戴高乐似乎被撇到了一边。但是凭借巧妙的政治手腕,到1944年3月,戴高乐重新获得了解放区所有法国军队的掌控权,北非也在其中。尽管如此,对于1944年6月盟军反攻欧洲一事,无论是时间还是地点,戴高乐均一无所知。1944年7月,戴高乐访问华盛顿。之后,他领导的民族解放委员会(CLFN)得到英国和美国的认可,成为解放后的法国的合法领导机构。1944年8月26日,戴高乐回到巴黎,受到巴黎人民的热烈欢迎。

1944年1月12日,同盟国在马拉喀什召开会议,戴高乐在会上表现固执。会议之后,丘吉尔的朋友路易斯·斯皮尔斯用一句话高度概括了戴高乐与英国,尤其是他与丘吉尔之间的关系,"洛林十字架是英国背负的最沉重的十字架"。

对页图："自由法国"的宣传海报，中间的洛林十字架上写着"法国绝不放弃抗争"；从海报左上角开始，按照逆时针顺序排列着"自由法国"部队参与的各场战役：西部沙漠加查拉战役中的比尔哈凯姆战役、利比亚南部的费赞战役、突尼斯战役、科西嘉岛战役、意大利战争、法国解放战争

上　图：洛林十字架

上　图：夏尔·戴高乐将军，他左胸的衣袋上别着洛林十字架的徽章

下页图：1944年11月到1945年2月，拉特尔·德·塔西尼将军带领法国第一军解放了阿尔萨斯和洛林，法国战争部为了庆祝这个消息，向民众分发小册子。图片为小册子的封面

18 喷火式战斗机

超级马林公司设计的喷火式战斗机是英国生产的最负盛名的战斗机,也是第二次世界大战中速度最快、最便于部署,并且在每个战区都曾服役过的战斗机。维克斯-阿姆斯特朗航空公司下属的超级马林公司应英国空军的要求,由其首席设计师R.J.米切尔设计了时速能达到404千米的喷火式战斗机,这也是有史以来外形最优美的战斗机之一。米切尔对自己最初的设计方案并不满意,直到1936年3月,绰号"笨蛋"的维克斯首席试飞员约瑟夫·萨默斯才驾驶第一架原型机从伊斯特利机场(现南安普顿机场)成功起飞。同年6月,英国皇家空军下达了首批喷火式战斗机订单,一共310架。尽管米切尔在第二年就因癌症去世,但他还是看到了他设计的样机试飞成功。

米切尔设计的首种拥有全金属外壳、椭圆形机翼并装配8挺机枪的Mk-1A喷火式战斗机在英国投入生产,它依靠罗尔斯-罗伊斯公司的梅林发动机提供动力。喷火式战斗机乃手工制造,组装过程耗费的时间是其主要竞争对手德国梅塞施米特Bf-109E战斗机的3倍。尽管如此,不列颠空战(1940年7月—10月)中还是出现了大量喷火式战斗机,并在其中扮演了关键性角色。喷火式战斗机的平飞时速最高能够达到570千米,梅塞施米特则为569千米,两者相比,喷火式战斗机毫不逊色;急转弯时只要飞行员的身体能够承受过载,喷火式的机动能力则更加出色。喷火式战斗机凸出的座舱盖能够为飞

对页图：配备了2门20毫米翼载机炮和4挺8毫米机枪的Mk VB超级马林喷火式战斗机

上　图：英国战斗机飞行中队准备紧急起飞拦截敌机，飞行员跑向喷火式战斗机

行员提供比Bf-109E更好的视野，但是Bf-109E的后续改进型号比Mk-1A拥有更快的俯冲速度和更高的升限，这都要归功于其使用的燃油喷射发动机。Bf-109E的20毫米机炮使其攻击范围和火力都明显优于喷火式Mk-1A。1941年，喷火式也装配了2门20毫米口径的机炮和4挺机枪。在整个二战当中，喷火式的发动机不断改进，一些后续型号上使用的罗尔斯—罗伊斯公司的"格里芬"发动机甚至能提供双倍于梅林发动机的动力。

1936—1947年，英国人总共生产了19个型号共计22 890架喷火式战斗机。喷火式作为战斗机一直服役到战争末期，但其主要角色逐步变为高空侦察机。美国空军在二战中使用了600多架喷火式战斗机。为了方便在航空母舰上起落，喷火式战斗机做了些许调整，所以又被称为"海喷火"。海喷火式战斗机在英国皇家海军舰载航空兵的作战中起到了巨大的作用，在地中海支援北非战役期间（1942—1943）尤为如此。最后生产的2 556架海喷火式战斗机在1950年至1953年的朝鲜战争中取得了巨大成功。

第二次世界大战中，喷火式战斗机的最后改进型是Mk-6K侦察机系列，增压驾驶舱和机翼油箱使它的最大航程达到2 896千米。相较而言，早期的Mk-1A的航程只有635千米。1954年4月，英国皇家空军的Mk-6X喷火式战斗机在马来亚执行了最后一次飞行任务，它的传奇故事由此画上一个圆满的句号。

19 梅塞施米特 Bf-109 战斗机

梅塞施米特Bf-109战斗机在1937年1月面世，比飓风式战斗机和喷火式战斗机的出现时间都要早，它在西班牙内战（1936—1939）期间表现卓越，到1938年9月，慕尼黑危机爆发时，它已经在战斗中证明了自己的出色性能。早期的版本主要包括109B、109C以及109D（最初版本是109A），但是到第二次世界大战爆发时，109E战斗机已经能够大量生产。109E战斗机的飞行员将其昵称为"埃米尔"，在战争前几年，只有喷火式战斗机能与之一较高下。

Bf-109战斗机具有体形轻小、造价低廉、机动性强、爬升率和俯冲率高、加速度快等特征。一般情况下，Bf-109配有2门或者3门20毫米火炮、两挺机枪。比起配备了8挺机枪的战斗机来——尤其是喷火式战斗机和飓风式战斗机的早期型号，Bf-109具有航程更远、战斗力更强等特征。随着战事的推进，109E及其后续机型都配备了诸如火箭和炸弹之类的武器。109E的起落架特意设计得很窄，以便于取下机翼时不必用千斤顶撑起机身，同时也是为了以最少的设施在跑道上进行日常维护。但另一方面，起落架过窄会导致机身起落时明显晃动，若飞行员经验不足则极有可能酿成坠机事故。

Bf-109战斗机的驾驶员座舱前配置了防弹玻璃，对飞行员的视野造成了影响；驾驶舱空间狭窄也引来飞行员的抱怨。Bf-109战斗机的王牌飞行员阿道夫·加兰德设计了更高的驾驶员座舱并以自己的名字命名，Bf-109战斗机的K系列均采用这种座舱。

109E的飞行时速最高可达569千米，在部分海拔高度略逊于喷火式战斗机Mk-1A（时速570千米）。但是得益于它的两级发动机增压器，109E的俯冲速度和高海

上　图：高空飞行的Bf-109战斗机，其性能在高空中才能得到最佳体现

对页图：梅塞施米特Bf-109E战斗机，该系列战斗机被德国飞行员称为"埃米尔"

下页图：1941年，一架停在地面的梅塞施米特Bf-109E战斗机

拔飞行速度均在喷火式之上。喷火式战斗机转弯时更加灵活。109E以每分钟1 005米的爬升率，完胜喷火式战斗机Mk-1A（每分钟771米）和飓风式战斗机（每分钟668米）。可以说，无论在什么情况下，飓风式战斗机都不是109E的对手。

战争开始的头一年，109E几乎控制了波兰和法国的上空，但是在不列颠战役中，种种原因使109E的威力大减。如果能在英吉利海峡上空9 100米的海拔高度与喷火式战斗机以及飓风式战斗机单打独斗的话，109战斗机仍然能够胜出一筹。但是英国皇家空军用飓风式战斗机来对付德国的轰炸机，以极小的损失给德国带来巨大的伤亡。鉴于此种情况，不想看到轰炸机部队出现重大损失的纳粹德国空军只好改变战略，用109战斗机为轰炸机群护航。与轰炸机捆绑在一起的109战斗机没有副油箱（后来才配备），在英格兰上空只能飞行30分钟；由于无法进行高空飞行，109战斗机卓越的俯冲和爬升能力毫无用武之地。高空作战时，配备了两级发动机增压器的109战斗机比对手更有优势。如果不列颠战役在9 100米的高空进行，那英国皇家空军就有战败的可能。

能够对空袭发出预警的雷达使英国在面对德国时具有压倒性优势，而德国进行战略考虑时完全忽视了雷达的作用。为了与英国皇家空军交战，德国飞行员不得不进行长距离的海上飞行。所有这些因素都限制了梅塞施米特109战斗机的优势，曾经独霸波兰和法国上空的辉煌时光一去不返。

20 剑鱼鱼雷攻击机

剑鱼鱼雷攻击机在服役之前就已经过时。它拥有敞开式驾驶员座舱和布制蒙皮,是一款张线支撑的双翼机。本来属于二战武器的它看上去更像是一战的遗留物。但是它的身影贯穿了二战始末,并在其中扮演了多重角色,取得了非凡战绩。其设计初衷是鱼雷攻击机,机身搭载一枚18英寸(457.2毫米)的鱼雷。剑鱼攻击机的最大时速仅为222千米,但是航程却可达到1 694千米。此外,剑鱼还能够负载和日本97式舰载轰炸机同等级别的武器装备,远比美国的道格拉斯破坏者式鱼雷轰炸机高效。道格拉斯破坏者虽然比剑鱼更加先进,但是远不如剑鱼。在二战期间,剑鱼是英国最成功的鱼雷攻击机,击沉的船只超过了英国皇家海军所拥有战列舰总和。

剑鱼鱼雷攻击机通常有3名机组人员:飞行员、观察员(英国皇家空军称之为"领航员"),以及通信兵兼机枪手;由于剑鱼只配备了一挺7.7毫米口径的维克斯机枪,根本无法与同时代的战斗机相匹敌。飞行员通过座舱间的通话管与其他机组人员进行交流。剑鱼攻击机被戏称为"网兜",因为它和当时家庭用的购物袋一样,能装下许多东西,而且十分灵活、结实。比起结构复杂的战斗机,剑鱼耗费的修理时间也要少得多。

1940年11月11日,21架剑鱼攻击机从"光辉"号航空母舰起飞,起飞地点距离意大利舰队在塔兰托的基地285千米。剑鱼攻击队发起两波进攻,每次间隔1小时。这次进攻出其不意,敌军一新两旧共三艘战舰遭到鱼雷攻击;此外,还有一艘巡洋舰被击中,海军工厂也遭到破坏。塔兰托袭击战中英国损失了两架剑鱼鱼雷攻击机,但是这次战役过后,英意两国在地中海的海军实力对比发生变化,英国皇家海军开始占据上风。地中海舰队总司令安德鲁·坎宁安海军上将这样写道:

1940年11月11日和12日将会被永远铭记,皇家海军航空部队拥有的毁灭性武器在这次战役中一劳永逸地展现出来。在总共6个半小时的飞行时间里,20架剑鱼鱼雷攻击机给意大利舰队带来了沉重打击,比日德兰半岛之战中德国公海舰队遭受的损失更加严重。

这场战役带来了一个令人沮丧的结果:日本军队发现,鱼雷攻击机能够进攻停在港口内的战舰。他们学以致用,一年之后偷袭珍珠港便使用了这种武器。

塔兰托战役6个月之后,剑鱼攻击机发起新一轮毁灭性攻击。当时,德国的"俾斯麦"号战列舰于1941年5月24日在丹麦海峡击沉了英国的战列巡洋舰"胡德"号,正前往布雷斯特军港进行整修。5月25日,剑鱼攻击机从英国"胜利"号航母起飞,对"俾斯麦"号战列舰发起进攻,希望重创敌舰,未果。"俾斯麦"号航行至布雷斯特军港附近,纳粹德国空军的战斗机在空中护航,而追踪它的英国本土舰队的战列舰在狂风大浪中因为燃油不足,落后了210千米。但是詹姆斯·萨默维尔海军上校麾下的H舰队的"皇家方舟"号航母恰好在"俾斯麦"号东北部65千米远的海面上,遂用剑鱼攻击机向其发起进攻。一枚鱼雷击中"俾斯麦"号的船舵,使其无法航行。随后,英国本土舰队的战列舰赶上前来,击沉了"俾斯麦"号战列舰。

装备雷达系统和火箭弹的剑鱼攻击机还被广泛用来对抗潜艇。剑鱼攻击机能够负载深水炸弹、水雷和炸弹,它的远航程使它能在水面上巡逻数小时,监视敌军的护卫舰。1934年到1944年之间,共生产了2 391架剑鱼鱼雷攻击机。1945年5月21日,最后一支剑鱼鱼雷攻击机飞行中队解散,其时正好是欧洲胜利日两周之后。"网兜"的服役时间超过了敌军更加现代化的战斗机。

对页图：皇家海军航空部队的剑鱼鱼雷攻击机列队飞行

上　图：尽管外表过时，剑鱼鱼雷攻击机的鱼雷、炸弹和深水炸弹却能带来致命攻击

21 防空洞

英国政府官员在1937年预言，未来若与德国交战，空袭会对平民造成巨大伤亡。在第一次世界大战（1914—1918）期间，德国对英国的空袭共造成1 413人死亡。有人预测，下一次战争一旦开始，德国会立即轰炸英国，并将这一攻势持续60天。每吨炸药会造成50人遇害或受伤，伤亡总数将会达到200万人。这一数据高估了德国的实力，实际上德国并没有能力进行如此大规模的空袭。但英国政府却在这一数据的刺激下，采取了一系列预防措施。

1938年爆发的慕尼黑危机，促使英国在公园里挖了大量堑壕；到战争爆发时，英国所挖的堑壕已经足够容纳50万人。与此同时，英国政府开始推行安德森式家庭防空洞。这种建在城市或者郊区的后花园中、能够容纳6个人的家庭防空洞由威廉·佩特森设计，并以英国掌玺大臣约翰·安德森的名字命名——他当时正负责英国的民防事宜。安德森式家庭防空洞由14块镀锌波纹钢板构成：6块弯曲的钢板构成屋顶，6块平整的钢板组成两侧墙壁，另有2块钢板组成前后墙，其中1块上面装有门。这种倒U形结构的防空洞高1.8米，宽1.37米，长1.8米，内部装修由各家各户自己负责。防空洞的钢板埋入离地面1.2米深的地方，洞顶的钢板上覆盖着0.4米厚的泥土，屋顶和墙壁四周如花园一般种上植物。

年收入低于250英镑的家庭可免费获得安德森式家庭防空洞；收入超过此标准的家庭则要支付7英镑。到战争爆发前夕，英国政府共向市民分发了150万个家庭防空洞，之后又陆续分发了200万个。除非受到炸弹的直接轰炸，否则安德森式防空洞都能提供有效的保护。但是随着战事的推进，警报夜夜长鸣，人们不愿意下到潮湿而寒冷、还时常被水淹没的地洞里，冬天时尤为如此。

由于许多家庭没有地窖，国土安全大臣赫伯特·莫里森认为，这些家庭需要有效的室内防空设施。于是由约翰·贝克设计的莫里森式家庭防空洞应运而生。这种防空洞由一套可以自己动手在室内组装的设备构成。主要结构是一个1.8米长、1.2米宽、0.75米高的笼子，顶部和底部是钢板材质，侧面则由金属网构成。莫里森防空洞主要是为了应对双层楼房在轰炸中坍塌，给居住其中的人带来伤害的情况，但是房屋遭到直接的炸弹攻击时，它也无能为力。家庭成员晚上在铁笼子里睡觉，其余时候还可将其用作餐桌。战争中英国政府向市民分发了50多万个莫里森防空洞，拯救了许多人的性命。

有些英国人在自家花园用砖头和水泥建筑防空洞。除了小型的家庭防空洞之外，部分社区还有大型的水泥防空洞，为面临轰炸时无处可躲的居民提供荫蔽之所。

对页图：1940年8月24—25日，英国在第一轮空袭中损失惨重，房屋和花园里的安德森式防空洞均被摧毁

上　　图：正如设计者约翰·贝克所设想的，莫里森式家庭防空洞还可用作餐桌

右　　图：1940年，盘旋在伦敦市锡尔弗敦区上空的两架德国Do 217式轰炸机。首先遭到轰炸的是贝克顿的煤气厂；图片中央则是西汉姆的赛狗场

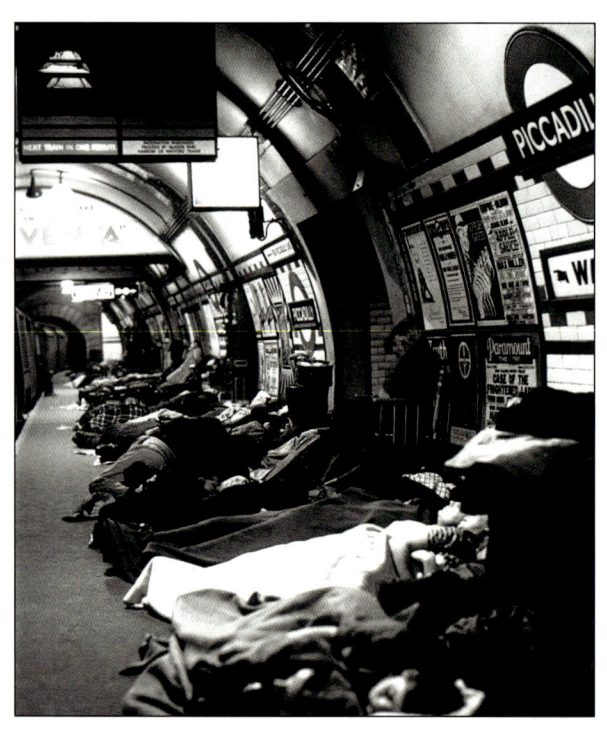

战争爆发前，出于对卫生问题的考虑——主要是因为地铁站没有卫生设施，容易造成疾病传染——伦敦地铁站禁止市民在其中躲避空袭。直到1940年9月，纳粹德国对伦敦实施夜间空袭，这一禁令方才不了了之。9月19日和20日晚上，数千名伦敦人涌入地铁站寻求庇护。政府意识到禁令失败，遂开始采取措施，竭尽所能地发挥地铁站的作用。其措施包括：关闭地铁短线岔线区域，用混凝土浇筑这些区域的铁轨，并在79个地铁站里配备了床铺和化学厕所。

上　图：伦敦大轰炸中，睡在皮卡迪利地铁站的伦敦市民

右　图：伦敦斯特普尼街上，一排在轰炸中变得面目全非的房子

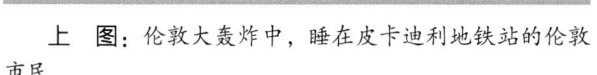

22 "胡德"号战列巡洋舰

"胡德"号战列巡洋舰排水量46 680吨，舰长262米，是英国皇家海军建造的最大的战舰，也是第二次世界大战爆发时全世界最大的战舰。"胡德"号战列巡洋舰于1918年8月22日下水，未能参加当时即将结束的第一次世界大战。1916年日德兰海战中，英国损失了三艘战列巡洋舰，这也暴露出英国战列巡洋舰的某些缺陷，"胡德"号的设计遂以此为基础，做了一些改进和调整。尽管如此，到20世纪30年代中期，英国皇家海军意识到，较之于美国和德国新建造的大型军舰，"胡德"号缺乏必要的装甲防护。但是1939年二战爆发，"胡德"号的改造计划被迫搁浅，仅在1937年至1938年之间，完成了对舰载防空武器的有限改造。"胡德"号极高的航速、令人震惊的尺寸和优美的线条掩盖了自身存在的重大弱点，而且这些弱点在1941年1月至3月进行的最后一次改造中都被忽略了。其主要弱点包括：缺乏装甲防护，以及机械缺陷导致的最大航速的降低。改造完成之后，"胡德"号的最大航速只能达到每小时46千米，远低于它在1920年海试时的每小时59千米。

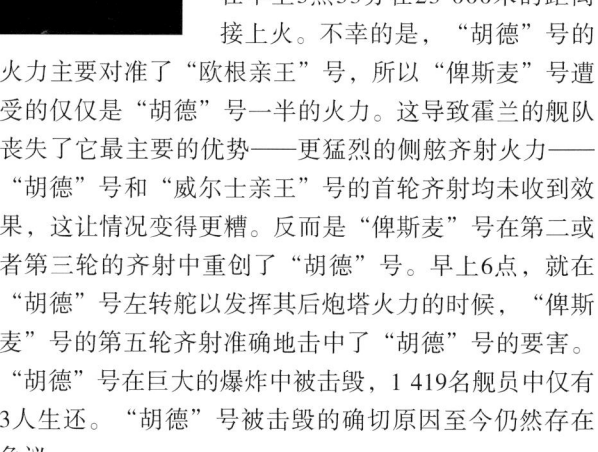

二战爆发之后，"胡德"号成为英国本土舰队战列巡洋舰分队的旗舰。1940年6月法国沦陷之后，它又成为英国皇家海军地中海H舰队的旗舰，并参与了1940年7月3日摧毁奥兰港法国舰队的行动。同年9月，"胡德"号重返本土舰队；1941年初，"胡德"号经过小规模整修之后重新加入了以奥克尼郡斯卡帕湾为基地的本土舰队。1941年5月22日，扬着霍兰海军中将指挥旗的"胡德"号从斯卡帕湾出发，同全新的"威尔士亲王"号战列舰一起出击，前往拦截德国海军战列舰"俾斯麦"号。5月18日，卢金斯少将指挥新服役的"俾斯麦"号战列舰从波罗的海格丁尼亚港出发，同"欧根亲王"号重巡洋舰一起，赴大西洋袭击英国商船舰队。"俾斯麦"号装配了8门380毫米口径主炮、15门150毫米口径副炮，满载排水量42 500吨，最大航行时速54千米，是当时海上最强大的战舰。皇家海军没有任何一艘战舰能够赶上并在一对一的战斗中摧毁"俾斯麦"号。英国海军当时还没有发现舰载机的巨大潜能，所以霍兰的舰队中并没有航空母舰。皇家海军最高司令官约翰·托维爵士带领的增援舰队中虽然有航母，却没人意识到其巨大作用。

5月24日早上5点35分，在丹麦海峡追踪敌人的"诺福克"号巡洋舰报告了卢金斯少将带领的"俾斯麦"号的位置；与此同时，霍兰中将带领的舰队正航行至格陵兰岛西南方向，他们也发现了"俾斯麦"号的身影。于是，包括"胡德"号、"威尔士亲王"号在内的霍兰中将的舰队在公海乘风破浪，向敌军舰队全速前进。溅起的水花使测距仪无法工作，"威尔士亲王"号的主炮火控雷达与舰上用来向伦敦海军部通报敌情的大功率电台互相干扰。英国和德国舰队在早上5点53分在23 000米的距离接上火。不幸的是，"胡德"号的火力主要对准了"欧根亲王"号，所以"俾斯麦"号遭受的仅仅是"胡德"号一半的火力。这导致霍兰的舰队丧失了它最主要的优势——更猛烈的侧舷齐射火力——"胡德"号和"威尔士亲王"号的首轮齐射均未收到效果，这让情况变得更糟。反而是"俾斯麦"号在第二或者第三轮的齐射中重创了"胡德"号。早上6点，就在"胡德"号左转舵以发挥其后炮塔火力的时候，"俾斯麦"号的第五轮齐射准确地击中了"胡德"号的要害。"胡德"号在巨大的爆炸中被击毁，1 419名舰员中仅有3人生还。"胡德"号被击毁的确切原因至今仍然存在争议。

"威尔士亲王"号在被击中七次后撤退，但是它也命中了"俾斯麦"号两次，重创其油箱。鉴于其旗舰续航能力大大降低的情况，卢金斯少将决定中止大西洋出击计划，转而向法国前进，该决定影响巨大。

对页图:"威尔士亲王"号上拍摄的英国皇家海军"胡德"号战列巡洋舰存世的最后一张照片,拍摄于"威尔士亲王"号与其共同出击"俾斯麦"号之时

下 图:"胡德"号舰尾的照片,其舰尾有两座380毫米的后主炮炮塔,舰首也有两座同样尺寸的炮塔。强大的"胡德"号战列巡洋舰是英国皇家海军的骄傲

23 X型降落伞

温斯顿·丘吉尔在6月22日发出指令，要求成立"至少拥有5 000名伞兵的军团"，于是英国在1940年夏季开始培训第一批伞兵。训练之初，伞兵使用的是为英国皇家空军（RAF）设计的降落伞。这种降落伞的设计初衷是供紧急情况下使用，只要在离开飞机之后拉动开伞索即可打开降落伞。跳伞者必须把握拉动开伞索的正确时机，且要用双手进行此项操作。很快，人们就发现这种降落伞并不适用于伞兵部队——伞兵部队存在跳伞人员众多、跳伞高度低的特点，还要考虑安全性并能负载相当重量的装备。于是位于林韦的空降兵学校改用了美国设计的"斯坦奇特"（Statichute）降落伞。

拥有135次跳伞经历的一名伞兵因为被降落伞的伞绳缠住而身亡。在此情况下，美国的斯坦奇特降落伞应运而生，美国空降部队在二战中一直使用这款降落伞的改进版。伞兵从飞机上跳下来后，与飞机相连的固定拉绳会将他背后的伞衣打开，之后伞绳——即伞衣与降落伞背带之间的绳索——也会被拉开。伞兵跳出机舱的姿势若有误差——比如，在连接伞衣与固定拉绳之间的绳索断开之前在空中翻腾——他就面临着被伞绳缠住的风险。一旦被伞绳缠绕，最好的情况就是一只脚或两只脚不得动弹，伞兵被倒挂在降落伞上，最后用背部或者头部着陆。最坏的情况就是降落伞无法打开。第二次世界大战当中，英国伞兵没有备用降落伞，所以以上情况一旦发生，伞兵必死无疑。就算一切情况良好，伞兵的睾丸因为伞绳末端的牵引作用也会受到极大冲击。

GQ降落伞公司的雷蒙德·奎尔特找出了解决办法，

他与欧文降落伞公司合作，生产出一种新型降落伞，伞包是GQ公司的设计，里面的降落伞则是欧文公司的作品。这种X型降落伞直到20世纪60年代都是标准降落伞，它的打开顺序与其他降落伞不同。伞兵跳出飞机之后，背上的伞包会自动脱离其背部，同时仍旧与固定拉绳和飞机相连。伞兵继续下降，他的体重会帮助打开第一层提升网——将伞绳与降落伞背带相连的帆布网带——然后，将伞绳从背包里拉出来。此时，伞绳被拉长拉紧，伞兵就位于伞绳末端，距离伞包6米远的位置；最后，降落伞的伞衣成功拉出，连接伞衣顶端和伞包最后一个绳结断开，降落伞彻底打开，伞包和固定拉绳都留在了飞机上。降落伞打开的过程中几乎没有任何危险，被伞绳缠绕的风险也大大降低，之后的24 000次跳伞再没有出过任何事故。

虽然X型降落伞取得成功，但随着亟待训练的伞兵人数越来越多，一个来自英国空降部队实验中心和皇家航空研究院的小组出现在空降兵训练学校，监控其跳伞过程。最后，该小组发现，如果引入新设计的伞包，伞兵在气流中扭来扭去和翻筋斗的现象就会大大减少。新的伞包中，将伞兵与飞机上的固定拉绳相连的伞带是从伞兵脖子的水平高度拉出，而非从手腕的高度。但丝绸材质的伞衣有时候会因为静电吸附在一起，不能顺利打开，所以事故仍然时有发生。用尼龙替代丝绸作为伞衣原料之后，这个问题也解决了。

整个二战当中，X型降落伞都是英国空降部队使用的标准降落伞。截至1948年8月，一号空降兵培训学校使用该降落伞一共进行了50多万次降落训练，其中仅发生了42起死亡事故，事故比例为1/12 000。

对页图：即将着陆的伞兵。他的双脚没有并拢，容易造成踝关节破裂，这样的姿势会受到批评

上　图：一位戴着钢盔的伞兵的背影。他背着X型降落伞，伞带末端的D字形扣的用途是与飞机上的固定拉绳相连

24 司登冲锋枪

最终以法国战败而告终的1940年战役当中，英国远征军遭遇装备了冲锋枪——主要是德国MP28冲锋枪的敌军。装备栓式步枪的英国士兵根本不是手持自动冲锋枪的德国士兵的对手，近距离作战时更是如此。军官和诸如传令兵等专职人员甚至只有左轮手枪之类的兵器。

敦刻尔克大撤退当中，英国远征军损失了大量武器；生产轻武器以补充战时损失并装备规模日渐扩大的军队，这样的需求日益迫切。为此，英国政府从美国人手里尽可能多地购买汤普森冲锋枪——当时美军也正在扩军，对武器装备的需求也十分迫切——但是对于庞大的需求来说，仍然是杯水车薪。位于恩菲尔德的英国皇家轻武器工厂接到生产一款英式冲锋枪的命令，他们最后选取的设计就是司登冲锋枪。司登冲锋枪的设计师是雷金纳德·V.谢博德少校（Reginald V Shepherd）和哈罗德·特平先生（Harold Turpin），司登冲锋枪的英文名Sten就是他们姓氏的首字母和恩菲尔德（Enfield）前两个字母的组合。

司登冲锋枪造价低廉，工艺简单，小工厂中的非熟练工都可组装。司登冲锋枪共生产了8个型号，其中一部分安装了消音器。Mark III型是其中最便宜、最简单的一款，枪身共只有47个部件，组装只需5个工时。

司登冲锋枪的弹仓模仿德国MP28，为侧装式。这使士兵持枪和射击的姿势相当别扭——将枪支放在腰侧时更是如此，士兵要么将左手弯曲放在弹夹下面，抓住枪身前端；要么就要用左手握住弹夹。但后一种姿势中，自动射击时产生的震动会对握着弹夹的手产生水平作用力，本就质量不佳的弹夹卡榫则会因此而变形，从而导致弹夹角度发生变化，引起弹药误送和卡壳。有时弹夹会从弹匣中滑出，士兵一手握枪、一手拿弹夹浑然不觉，这种情况即便没引起危险也相当令人尴尬。虽然大家都了解这一点，但二战中拍摄的大量照片显示，不少部队在使用司登冲锋枪时仍然手握弹夹。

司登冲锋枪使用了气体反冲式原理：火药爆炸一面将子弹推送至枪管，一面又将枪栓推回到原来的位置，所以爆炸产生的冲击力只有一半用在了发射子弹上。此外，司登冲锋枪使用的子弹为9毫米手枪弹，两种情况相结合使得司登冲锋枪的穿透力较差。早期的型号没有保险栓，有时候司登冲锋枪给持枪者及其身边人造成的伤害甚至超过了对敌人的伤害——当时，意外走火造成的伤亡事件十分常见。即便没有扣动扳机，用力撞击枪尾或是将枪尾朝下扔在地上都可能向后推动枪栓，之后弹簧复位，使子弹上膛。若有一枚子弹进入后膛，枪栓上的固定撞针就会将子弹推出枪膛，而子弹出膛的后坐力则会反作用在枪栓上，使其重复刚才的过程，一直到弹夹里的子弹耗尽为止。为了预防这种情况，司登冲锋枪的后续型号在枪套上钻了一个孔，用来固定扳机柄。

尽管存在诸多缺点，第二次世界大战中还是生产了数百万挺司登冲锋枪。总体而言，只要用对了地方，它还是一款成功的武器。在近距离作战时尤为有效，但距离一旦超过90米，其威力就大打折扣，所以在空旷的野外作战时它几乎没有任何用途。

对页图：1944年9月阿纳姆战役中，在欧斯特贝克的英国伞兵部队。照片中的士兵通过弹夹握持司登冲锋枪

上 图：Mark Ⅲ型司登冲锋枪，枪托部分为钢架结构

25 T-34坦克

T-34坦克是第二次世界大战中最著名的苏联坦克。T-34的设计者米哈伊尔·柯什金将其命名为T-34，是因为这一设计构想是他在1934年首先提出的。T-34是那个年代设计最为先进的坦克，前后总共生产了逾40 000辆。尽管苏联当时并未卷入战争，但受德国成功闪击法国和低地国家的刺激，还是在1940年初完成了T-34原型坦克的制造，并立即投入批量生产。T-34坦克速度快，轮廓低矮，拥有比当时德国、英国、美国的任何一种坦克都更加厚实坚固大倾角装甲。T-34的主炮是一门威力强劲的76.2毫米L40火炮，宽阔的履带和克里斯蒂式悬挂系统（轮子与减震弹簧相连）让它对地面的压强很小，即使在泥泞地带或者雪地上也拥有极佳的通行能力。这对在苏联境内作战的坦克而言极为重要，也使T-34在这方面比同时期任何一款德国坦克更加优秀。T-34的V12柴油发动机也比德国坦克的汽油发动机更加安全。

T-34坦克易于保养和操作，这使它看起来比当时任何一款坦克都更加先进。到二战末期，德国、英国和美国生产的坦克车体正面及炮塔都开始采用大倾角装甲。从弹道学上来讲，90度的垂直装甲很容易就被穿甲弹穿透，而T-34采用的大倾角装甲则经常将来袭炮弹弹飞。

就装甲车辆来说，人们只能做到装甲防护能力、火力和速度的平衡。至于T-34，它要平衡外形尺寸和内部空间，对于坦克乘员来说，T-34内部空间太狭小了。1944年初，改进的T-34-85服役，在此之前，炮塔里只能容下车长和填装手两名乘员，而大部分其他国家的坦克炮塔里都能容下车长、炮长和装填手三人。T-34的车长在指挥坦克的同时还要进行瞄准和射击，至于排长，则还要同时指挥他的部队。这些指挥问题的根源在于苏联坦克很少装备电台，只有连级及以上的指挥官才有，其余的坦克指挥则依靠旗语。所以苏联坦克部队的连级指挥官只能用电台同他的营长或者其他连长交流，至于手下的部队，他还是必须用旗语传达命令。

1941年6月，德国发动巴巴罗萨计划闪击苏联。战争初始的几个月内，只有极少的T-34坦克驶向战场，德国人因此不以为然。开始的时候，德国人在一天之内摧毁了好几千辆苏联坦克；但1941年9月，他们遇到大量T-34坦克。德国人很快发现，相比任何一款德国坦克，T-34拥有更远的射程、更快的速度、更强的耐用性。与T-34相比，所有的德式坦克都相形见绌。在此之前，德国装甲部队在波兰、法国、低地国家以及北非的战场上所向披靡，击败了一个又一个对手，T-34则将其从王者的宝座上拽了下来。陆军元帅埃瓦尔德·冯·克莱斯特称，T-34为"世界上最出色的坦克"。弗雷德里希·冯·梅伦廷少将后来在信中写道，"我们的坦克无法与之相比"。但即便如此，在1942年末之前，德军仍然不断给苏联红军造成损失；1942年之后也偶有斩获，这主要是因为苏联在此之前的战略都存在缺陷。他们的指挥控制水平和作战技术都难以与德军媲美——其中一个原因是缺少无线电通信设备，此外，装甲部队的部署也存在严重失误。德军取得阶段性胜利的另一个原因是新式坦克的服役，尤其是虎式重型坦克和豹式中型坦克。一直到第二次世界大战结束，T-34坦克都是苏联装甲部队的核心力量。

对页图：1944年白俄罗斯第三方面军T-34坦克部队占据射击阵地，宽阔的履带保证了它们在泥泞地带的机动性

上 图（顶端图）：T-34的大倾角装甲使其面对穿甲弹时拥有更好的防护力

上 图：1945年5月开进柏林的T-34坦克

下页图：一辆搭载步兵快速前进的T-34坦克，距离它最近的坦克装配有无线电天线，这可能是一辆连级或者营级指挥官乘坐的坦克

26 《大西洋宪章》

早在美国正式成为第二次世界大战的参战国之前，富兰克林·德拉诺·罗斯福总统就在操心美英苏三国的共同战争目标。罗斯福、丘吉尔和斯大林通过盟约和推演，一致同意将打败纳粹德国作为三国的共同战争目标。为了使自己的国家能够生存下去并繁荣发展，德国必须解除武装，进行改革并服从国际条约体系——通过战争威慑，限制其军事和政治力量，使其无法进行帝国主义扩张。

面对国内一片反对参战、反对与英苏结盟的声音，罗斯福——一位智者和旧威尔逊主义者（即赞同集体主义国际安全观）——需要一份关于战争目标的大致说明，以吸引具有理想主义和国际主义情怀的美国人，这部分能读会写的美国人十分关注本国外交政策。鉴于丘吉尔和斯大林的帝国主义者头衔众人皆知，罗斯福心里十分清楚，除了亲英派人士和忠诚的共产主义者之外，偌大的美国几乎没有人支持他们，但他至少可以将丘吉尔包装为坚定的盟友和国际主义者。

1941年8月9日至12日，罗斯福和丘吉尔在纽芬兰阿金夏海湾的军舰中会面，讨论英美两国目前的战略关系以及美国参战之后的计划。同时，他们也想让斯大林相信，英美两国国会通过威胁日本以使苏联免于两线作战的方式来援助苏联，支持斯大林。罗斯福之所以愿意用美国海军富余的驱逐舰以及租借物资的方式援助英国，是想说服丘吉尔签署《大西洋宪章》。英美两国希望借此盟约消除两国人民及潜在盟友的疑虑，证明英国和美国不会在领土和经济方面寻求帝国利益，他们期冀的是民族自决权和海洋自由。

这份文件还包括了罗斯福总统对未来所期盼的"四大自由"：免于恐惧的自由、免于匮乏的自由、信仰自由、言论自由。1941年1月，罗斯福在一次演讲中提出了"四大自由"的概念。战事到了1941年关键节点，丘吉尔承认了与德国签订城下之盟的可能性，他也同意"四大自由"是相当令人钦佩的原则，但他没有评价其实现的可能性。与丘吉尔同样绝望的斯大林也在当年稍晚的时候同意接受《大西洋宪章》。

实际上，罗斯福和丘吉尔从来没有真正签署《大西洋宪章》的相关文件，他们只是就此发了一篇新闻通稿。无论《大西洋宪章》显得多么理想主义和权宜应付，它的内容却真实地扎根在联合国宪章当中。

上　图：1941年8月，美国总统富兰克林·德拉诺·罗斯福与英国首相温斯顿·丘吉尔在纽芬兰阿金夏湾海面上的"威尔士亲王"号战列舰上会面

下页图：《大西洋宪章》的终稿，上面标注了丘吉尔的修改

68～69页图：26个国家签署的《联合国共同宣言》，同意《大西洋宪章》的基本原则

Prime Minister's meeting with President Roosevelt – Aug. 1941
Draft of Joint Declaration –

COPY NO: 1

M O S T S E C R E T

NOTE: This document should not be left lying about and, if it is unnecessary to retain, should be returned to the Private Office.

P R O P O S E D D E C L A R A T I O N

B. ALTERNATIVE VERSION - i.e. VERSION "A" INCORPORATING NEW PARAGRAPH PROPOSED BY CABINET IN ABBEY TELEGRAM NUMBER:- 31.

The President of the United States of America and the Prime Minister, Mr. Churchill, representing His Majesty's Government in the United Kingdom, being met together, deem it right to make known certain common principles in the national policies of their respective countries on which they base their hopes for a better future for the world.

First, their countries seek no aggrandisement, territorial or other;

Second, they desire to see no territorial changes that do not accord with the freely expressed wishes of the peoples concerned.

Third, they respect the right of all peoples to choose the form of government under which they will live; and they wish to see self-government restored to those from whom it has been forcibly removed.

Fourth, they will endeavour, with due respect to their existing obligations, to further the enjoyment by all peoples of access, on equal terms, to the trade and to the raw materials of the world which are needed for their economic prosperity.

Fifth, they support fullest collaboration between Nations in economic field with object of securing for all peoples freedom from want, improved labour standards, economic advancement and social security.

Sixth, they hope to see established a peace, after the final destruction of the Nazi tyranny, which will afford to all nations the means of dwelling in security within their own boundaries, and which will afford assurance to all peoples that they may live out their lives in freedom from fear.

Seventh, they desire such a peace to establish for all safety on the high seas and oceans.

Eighth, they believe that all of the nations of the world must be guided in spirit to the abandonment of the use of force. Because no future peace can be maintained if land, sea or air armaments continue to be employed by nations which threaten, or may threaten, aggression outside of their frontiers, they believe that the disarmament of such nations is essential pending the establishment of a wider and more permanent system of general security. They will further the adoption of all other practicable measures which will lighten for peace-loving peoples the crushing burden of armaments.

Private Office.
August 12, 1941

DECLARATION BY

DECLARATION BY UNITED NATIONS:

A JOINT DECLARATION BY THE UNITED STATES OF AMERICA, THE UNITED KINGDOM OF GREAT BRITAIN AND NORTHERN IRELAND, THE UNION OF SOVIET SOCIALIST REPUBLICS, CHINA, AUSTRALIA, BELGIUM, CANADA, COSTA RICA, CUBA, CZECHOSLOVAKIA, DOMINICAN REPUBLIC, EL SALVADOR, GREECE, GUATEMALA, HAITI, HONDURAS, INDIA, LUXEMBOURG, NETHERLANDS, NEW ZEALAND, NICARAGUA, NORWAY, PANAMA, POLAND, SOUTH AFRICA, YUGOSLAVIA.

The Governments signatory hereto,

Having subscribed to a common program of purposes and principles embodied in the Joint Declaration of the President of the United States of America and the Prime Minister of the United Kingdom of Great Britain and Northern Ireland dated August 14, 1941, known as the Atlantic Charter.

Being convinced that complete victory over their enemies is essential to defend life, liberty, independence and religious freedom, and to preserve human rights and justice in their own lands as well as in other lands, and that they are now engaged in a common struggle against savage and brutal forces seeking to subjugate the world, DECLARE:

(1) Each Government pledges itself to employ its full resources, military or economic, against those members of the Tripartite Pact and its adherents with which such government is at war.

(2) Each Government pledges with the Governments signatory h a separate armistice or peace wi

The foregoing declaration ma other nations which are, or whic material assistance and contribu for victory over Hitlerism.

Done at Washington
January First, 1942

UNITED NATIONS

to cooperate
not to make
enemies.
ered to by
rendering
the struggle

[signatures in left margin, partially visible: United States of America, Great Britain, Churchill, the Republic of China, Australia, Belgium, ...]

The Republic of Costa Rica
by *[signature]*

The Republic of Cuba
by Aurelio F. Concheso

Czechoslovak Republic
by V. S. Hurban

The Dominican Republic
by *[signature]*

The Republic of El Salvador
by *[signature]*

The Kingdom of Greece
by Cimon G. Diamantopoulos

The Republic of Guatemala
by Enrique López Herrarte

La République d'Haïti
par Fernand Dennis

The Republic of Honduras
by Julián R. Cáceres

India by
Girja Shankar Bajpai

The Grand Duchy of Luxembourg
by Hugues Le Gallais

The Kingdom of the Netherlands
by *[signature]*

Signed on behalf of
the Govt of the Dominion
of New Zealand
by Frank Langstone

The Republic of Nicaragua
by Guillermo Sevilla Sacasa *[?]*

The Kingdom of Norway
by W. Munthe Morgenstierne

The Republic of Panamá
by *[signature]*

The Republic of Poland
by Jan Ciechanowski

The Union of South Africa
by Ralph W. Close

The Kingdom of Yugoslavia
by Constantin A. Fotić

27 防空巡逻队员的头盔

第二次世界大战当中,英国的防空巡逻队员不论男女都佩戴着带有大大W标志的头盔,在人群当中十分醒目。当时,关于战事的传言甚嚣尘上,许多人预言,战争中德国会对英国平民进行空袭,由此造成严重伤亡。英国政府为了防患于未然,在1935年颁布了空袭预防措施,简称ARP。1937年,英国政府成立防空巡逻部;到1938年中,防空巡逻部的成员增至20万人;慕尼黑危机爆发后,又有50万人加入该部门。防空巡逻队员亦被称为APR队员,其中大部分都是前来支援的志愿者,他们在防空巡查之余还有自己的工作。普通的巡逻队员佩戴臂章和黑色钢盔,钢盔上有白色的W字母。队长则佩戴白色钢盔,上面有黑色的W字母。后来,所有的巡逻队员都身穿蓝色哔叽布战斗服。

与政府和公众的预料相反,二战开始之后的11个月内英国并没有遭到大规模空袭。原因之一在于,纳粹德国空军没有足够的战斗机为往来于英国和德国之间的轰炸机护航。1940年6月法国投降,其境内的机场为纳粹德国空军所用;之后,对英国的大规模轰炸方才成为可能。如此一来,战争初始的几个月当中,巡逻队员除了实施灯火管制之外无所事事。所以英国流行电视剧《父亲的军队》(Dad's Army)里以防空巡逻队总队长霍奇斯的形象,来讽刺他们是一群妄自尊大的闲人。1940年到1941年的闪电战当中,防空巡逻队终于能够一展身手,他们和民防部、医疗中心以及消防部的男女队员一起,英勇地献身反空袭战斗当中。

民防部下辖救援队和担架队,控制中心员工以及传信员也归其管辖;医疗中心则由紧急救护车工作人员以及急救人员构成;消防部由全职和兼职消防员,以及其他兼职辅助人员组成。民防部还有全职、兼职警察,以及数万名来自妇女支援服务队的志愿者。

在伦敦,每平方英里的范围内就有10个防空巡逻队的岗位。他们定时巡逻,报告炸弹的弹着点。如果落下来的是燃烧弹,他们就用沙袋扑灭火焰。他们管理公共防空洞,充当民防事业的"眼睛和耳朵"。担架队队员及"大力救援队员"被召至遭遇炸弹袭击的地区——"大力救援队员"当中有大部分都是熟悉房屋结构的建筑工人。

巡查街道的时候,巡逻队员要保证建筑物的门窗里不能露出任何灯光。一旦发现灯光,他们就会立即出声,"把灯灭了"。屡教不改者会被上报至警察局。防空巡逻队协助管理被轰炸地区并救助伤者,他们还接受了灭火和急救培训,在救援部到达之前负责维护现场秩序。

第二次世界大战当中,有两名防空巡逻队员被授予乔治十字勋章。托马斯·爱德森在1940年9月30日被授予该勋章,成为该勋章设立后第一位获奖者;另一名防空巡逻队员伦纳德·迈尔斯在壮烈牺牲之后,于1941年1月17日被追授了乔治十字勋章。

对页图：防空巡逻队的队长和队员将一位受伤的妇人从急救亭搀扶至接待中心。1941年5月6日，该妇人的家在轰炸中毁于一旦

上　图：防空巡逻队员的头盔

28 莫辛-纳甘步枪

莫辛-纳甘步枪的服役期超过百年，最初是由沙俄军队使用，然后是红军，2001年阿富汗的北方联盟仍在使用这种步枪。在1877年至1878年的俄土战争中，土耳其军队装备了温切斯特连发步枪，而沙俄军队仍在使用单发步枪，这让沙俄皇帝意识到，军队的轻武器亟待现代化。陆军上尉谢尔盖·伊凡诺维奇·莫辛设计了一款弹匣装填的7.62毫米口径步枪，与其竞争的是比利时人莱昂·纳甘设计的一款步枪。经过反复审议，委员会最终决定沙俄军队制式步枪采用莫辛的设计，但是1891年最终生产的时候也融入了纳甘的一些设计理念，最终这款步枪被命名为莫辛-纳甘M1891式。俄国和法国都开始批量生产。在1904年爆发的日俄战争中，沙俄军队装备了大约380万支莫辛-纳甘步枪，但由于几乎没有士兵接受过莫辛-纳甘的使用训练，实际上在战斗中只有少量投入使用。

第一次世界大战爆发时，俄国过于薄弱的工业基础使莫辛-纳甘步枪严重短缺，沙俄不得不向两家美国公司（雷明顿和西屋公司）下达莫辛-纳甘的生产订单。当第一批制造好的步枪送达时，俄国爆发十月革命；紧接着俄国同德国以及同盟国签订了《布列斯特条约》，退出了战争。为了避免下一批步枪落入德国或者奥地利之手，美军买下了剩余的大约100万支莫辛-纳甘步枪。装备这批步枪的英美联军参与了1918年至1919年在俄国北部的反布尔什维克战役。

1918年至1924年的俄国内战期间，战争双方都装备了莫辛-纳甘步枪。1939年至1940年的苏芬冬季战争中，芬兰军队也使用这种步枪。1941年希特勒闪击苏联的时候，莫辛-纳甘步枪是苏联红军的制式步枪。到二战结束的时候，大约生产了1 740万支莫辛-纳甘M1891。莫辛-纳甘步枪十分流行，且易于保养维修，苏联士兵习惯性称之为"莫辛"或者"莫辛卡"。同时，它还被改造为狙击步枪，供声名在外的红军狙击手使用。许多战争中都有它的身影，1942年至1943年的斯大林格勒保卫战中它尤为知名。芬兰人也使用莫辛-纳甘狙击步枪同红军作战：一名芬兰狙击手声称自己用一支莫辛-纳甘步枪进行了500余次击杀。

二战之后，苏联停止生产莫辛-纳甘步枪，取而代之的是AK系列突击步枪。尽管如此，莫辛-纳甘M1981仍然活跃在二战后的战场上：朝鲜战场（1950—1953）、越南战场（1955—1975）、阿富汗战场（2001年至今）。曾接受苏联军事援助的国家，都曾使用过莫辛-纳甘步枪。

莫辛-纳甘极长的服役生涯中，总共有8种不同的型号。除此之外，包括芬兰、捷克斯洛伐克、中国、匈牙利、罗马尼亚以及波兰等在内的国家，都生产过不同的改进型号。

对页图：莫辛-纳甘步枪
上　图：1942年12月，手持莫辛-纳甘步枪的红军士兵从T-34坦克上跳下来

29 英国特种空勤团的帽徽

1941年10月，大卫·斯特林中尉因跳伞事故导致腰部以下都暂时瘫痪，不得不躺在开罗的一家医院里接受治疗。他所在的苏格兰卫队隶属于第八"哥曼德"突击队，而第八"哥曼德"突击队又是罗伯特·莱科克上校麾下的Z部队的一部分。Z部队的突击队队员因此深感受挫。突袭行动要么取消，要么失败了。参与克里特岛战役最后阶段的战斗不仅没为他们带来荣耀，反而成了压垮他们的最后一根稻草。1941年7月末，Z部队解散。

病床上的斯特林开始思考，如何才能改变第八突击队在袭击行动中收效甚微的情况。最后他得出结论，敌军数量庞大的基地——尤其是飞机场——在前线后方拉成了数百英里的长线，这绝对是最理想的攻击目标。到达敌军基地可以从两翼的开阔地带包抄，南边从沙漠入手，北边则从海洋突破。突击队曾将北边的海洋作为突击路线，但最后不过是在浪费资源。1941年，英国皇家海军在希腊战役和克里特岛撤退中损失惨重，可用的资源愈加稀少。突击失败主要是因为水陆进攻计划欠佳。利用人数不超过4至5人的小分队，使用降落伞、潜艇、渔船或车辆突袭成功的可能性说不定更大，而且能够同时进攻多个目标。

斯特林将自己的想法付诸笔端。恢复行走后，他混进位于开罗的盟军总司令部，并最终获得中东英军总司令克劳德·奥金莱克将军的青睐，将他擢升为上尉。奥金莱克将军命令他召集65名战士，降落在敌军防线之后。这支65人的部队就是特种空勤团最早的L分队。所谓的特种空勤团当时根本就子虚乌有，只存在于达德利·克拉克准将天马行空的头脑中。他负责在中东实施这场骗术，试图让德国人相信埃及有一支全副武装的空军部队。事实上，仅有65人的L分队就是整个中东地区所有的伞兵，也是克拉克准将这个弥天大谎中唯一真实的部分。

对L分队而言，1941年11月16至17日发起的第一轮进攻不啻于一场灾难，狂风和沙暴迫使特种空勤团的战士降落在了距离预定空投区数英里远的地方。在空投的55名战士当中，只有包括斯特林在内的22人最后到达了由沙漠远程部队的大卫·劳埃德·欧文上尉驻扎的集结地。欧文上尉坚持认为，应该由沙漠远程部队带领特种空勤团的战士抵达目标位置；最终，斯特林同意了他的观点。直到次年特种空勤团有了自己的吉普车，号称沙漠专家的沙漠远程部队才停止充当其"出租车"。

英国特种空勤团自此开始取得卓越战绩，在袭击机场方面尤为如此。他们一次又一次地进攻机场，摧毁那里的每一架飞机。绰号"稻田"的梅恩上尉的个人成绩超出了盟军所有的空军王牌。沙漠战役结束后，特种空勤团转向意大利、爱琴海和法国作战。尽管他们有时也利用降落伞到达作战区域，但吉普车的使用效果更佳。1944年6月，盟军进攻法国，特种空勤团利用吉普车在敌后进行远距离巡逻，成为他们最为著名的战绩。

这款以带有双翼匕首为主题的徽章被三个特种空勤团的战士（第二十一、二十二、二十三特种空勤团）佩戴至今，伞兵之翼的徽章也是如此。徽章的设计者是特种空勤团的两位军官：来自威尔士卫队的乔克·刘易斯中尉，他是牛津大学划船俱乐部的主席；另外一位是汤姆·兰顿中尉，来自爱尔兰卫队，是剑桥大学划船比赛中的佼佼者。他们的灵感来自开罗牧羊人酒店装饰中的朱鹭翅膀。翅膀上深浅不一的蓝色羽毛由兰顿和刘易斯所选择，取材于剑桥大学和牛津大学划船队队服的颜色。

对页图：西部沙漠中戴着阿拉伯头巾的空勤团巡逻队，到1943年，他们已经配备了装有维克斯K机枪的吉普车

上　图：特种空勤团的帽徽，上面是长出双翼的匕首

30 波音 B-17 轰炸机

在盟军击败纳粹德国的战略中，最重要的就是代号"直击"的联合空袭，这次行动要求英国皇家空军和美国空军摧毁德国的工业中心。执行此次任务的轰炸机并非在一夜之间突然出现，美国空军和陆军部早在20世纪30年代就下令制造轰炸机，供英国皇家空军和美国空军袭击德国之用。

第一次世界大战后，研制该轰炸机的项目资金不足，技术发展缓慢。1934年，美国陆军航空队要求波音公司制造一种使用多个发动机，载弹量高达1吨并且作战半径能够达到1 600千米的轰炸机。波音公司没有得到任何预付款项——除非他们的轰炸机被美国陆军航空队选中。波音公司代号229的XB-17原型机于1935年7月首次试飞，但仅4个月后就坠毁。发生于起飞阶段的事故造成设计团队和测试团队多人遇难。尽管如此，XB-17仍旧是美国陆军航空队当时的最佳选择，所以他们又订购了13架。

对B-17的改进重点放在其越洋飞行能力以及轰炸敌人攻击舰队的能力。尽管依靠B-17轰炸机完成大西洋海岸线的防卫任务显得捉襟见肘，但其对于菲律宾、夏威夷和巴拿马运河区域的防务来说却是举足轻重的。尽管美国陆军航空队的规划师在1939年就预见到他们在未来需要一款能够直抵德国和日本的轰炸机，但海岸防卫任务才是当时国会给XB-17项目拨款的唯一原因。

1936年到1941年间，随着越来越多的原型机经过测试，战时B-17（E以及F型）的基本特点逐步成型。重达29 000千克的四引擎轰炸机（4个1 200马力的普拉特-惠

上　图：一架约产于1941年的B-17轰炸机

下页图：第二次世界大战中，波音公司生产的"空中堡垒"

特尼增压式星型引擎）能够在10 700米的高空，以462千米的时速飞行差不多3 200千米，因此B-17获得了"空中堡垒"的绰号。一个B-17机组包括10个人，其中8人操作13座炮塔或者旋转机枪。B-17能够携带7.7吨重的炸弹。斯普雷诺登发明的投弹瞄准器能够自动修正高度、风力和抛物线，让投弹手的精度大大增强。

尽管美国陆军航空队（1941年6月之后改称"美国陆军航空军"）因战略部署而订购了B-17，截至1941年12月，B-17（B-E型）的总数还不到600架。在1941年至1942年阻击日本的战役中，它所起的作用微乎其微。一部分B-17被送给英国皇家空军海岸司令部，用来袭击德国U型潜艇的基地。1942年，约有4 000架B-17E和B-17F被运到英国，参与对德国的昼间轰炸任务，但是具备远程拦截能力的德国防空部队在1943年12月迫使B-17终止了远程轰炸。根据实战经验改进的B-17G和B-17H型主要强化了引擎和防护能力，并增加了一个机腹炮塔应对来自战斗机的正面攻击。到战争末期，波音和其他两家公司总共生产了12 677架B-17系列轰炸机，其中大约5 000架在战争中被敌军击毁，另有数百架因为操作事故坠毁。

31 "双簧管"系统

第二次世界大战期间，德国、英国以及美国引进了电子导航系统，协助其轰炸机在夜晚和恶劣天气状况下准确定位轰炸目标。战争早期，双方都意识到，在天气情况良好的白天且没有重型战斗机护航的情况下，要想轰炸一个防御极佳的国家需要付出高昂的代价。第二次世界大战前，英国皇家空军奉行"轰炸机为王"的信条；但二战开始后，他们意识到这不过是个不堪一击的谎言。战争初始的几个月内遭受的巨大损失使英国皇家空军意识到，要想对德国进行持久的战略轰炸，唯一的办法就是在夜间进行。之后，美国也恍然大悟，在没有战斗机护航的情况下，在日间对戒备森严的欧洲进行轰炸是注定不能持久的。于是他们提出了解决办法：为轰炸机提供充足的远程战斗机护航。

夜间轰炸的主要困难在于定位目标，在不列颠战役中败北的德国对伦敦进行轰炸时首先想到了解决办法。他们使用无线电波束系统进行导航，起初是Knickebein系统，后来是X系统和Y系统。尽管做了种种努力，但由于这类系统极易发生信道拥堵，德国军队在夜间轰炸中仍然收效甚微；另外，没有任何导航系统的英国皇家空军表现也十分糟糕。只有三分之一的皇家空军飞行员能够在距离轰炸目标8千米远的瞄准点精准命中目标；有的炸弹甚至被扔在了离目标数十千米远的地方。

1942年初，英国皇家空军引入"奇异"（Gee）无线电导航系统。它不如德国的Knickebein系统定位精确，但却极大提高了皇家空军轰炸机的命中率。之后，德国开始干扰"奇异"系统，使之失灵。英国皇家空军为了应对此种状况，在1943年初期研制出"双簧管"（Oboe）系统，之所以如此命名，是因为它的雷达脉冲听上去像是双簧管的声音。该系统依靠英格兰境内的两座地面卫星站工作，一座负责在飞机向目标呈弧线形飞行的过程中追踪飞机，在其偏离弧形航线时提供校正信号；另一座则负责测量弧形航线与轰炸目标之间的距离，在飞机到达预定的投弹点时发出广播信号。蚊式探路机就安装了"奇异"系统，以接收地面卫星站发出的信号，它们向轰炸目标投掷燃烧弹，为主力部队指明轰炸目标。

"双簧"系统十分精确，且不易被干扰。其不足之处在于，受地球曲率的影响，它的作用范围被限制在距离地面站450千米以内的地方。所以领航的蚊式轰炸机飞行时尽量向高空靠近，方便雷达光束能够发现它。1944年，法国国土基本解放，盟军得以在更靠近德国的位置建设地面卫星站，鲁尔区以东的法国国土基本都被覆盖；而鲁尔区正好处于英格兰境内的"双簧管"卫星地面站的作用范围内。

1943年中期，英国皇家空军的轰炸机都安装了H2S雷达系统，虽然轰炸精确度取决于雷达回波的质量，但轰炸机的屏幕上能显示地面状况，使空中突袭能够在"双簧管"的覆盖范围外行动。沿海的目标显像清晰；内陆地区，尤其是崎岖地形中的目标寻找起来则困难得多。

美国人在他们的轰炸机上安装了与"双簧管"类似的电子导航系统，使其能够透过云层和雾霾在白天找到轰炸目标。

对页图：一架配备了腹部整流罩的蚊式B MkXVI飞机，它正在对H2S雷达系统进行测试，这种机型也用来测试"双簧管"系统

上　图：一张展示"双簧管"系统工作原理的图表。蚊式导航轰炸机沿着弧线飞行时，位于英格兰境内的两座地面站会追踪其路线

32 人操鱼雷

意大利是第二次世界大战中首个使用人操鱼雷的国家，此举一出，立即引起英国、德国以及日本效仿。意大利的"猪猡"（Maiale）人操鱼雷长6.7米，上面有一个可拆分的凸出爆炸装置。鱼雷上的两名乘员须双腿分开，骑跨在鱼雷上，同时还要穿戴橡胶衣，携带氧气瓶和佩戴面具。

1941年12月19日，停泊在亚历山大港的英国战列舰"勇气"号发现有两名意大利蛙人坐在战舰弯曲的浮筒上，遂将其俘获。经过审讯，他们交代自己在港口外遇到麻烦，不得不放弃装备，游泳前进。几分钟之后，"桑格利亚"号油轮尾部发生爆炸。这两名意大利人告诉"勇气"号的舰长，让他把战舰上所有人都召集到甲板上，因为"勇气"号也会马上发生爆炸。舰长依言而行，几分钟后果然发生了剧烈爆炸，"勇气"号受损严重。不久，"伊丽莎白女王"号战列舰也因为爆炸而受损。六名乘坐人操鱼雷的意大利人由潜艇送至亚历山大港，进攻地中海舰队，虽然没有造成人员伤亡，但却使舰队仅有的两艘战列舰因受损严重而无法正常作业，并花费了数月进行修整。之后，直布罗陀海峡、马尔他岛及阿尔及尔海湾的盟军船只也遭到意大利人的人操鱼雷攻击。

英国效仿意大利，以一款7.6米长的鱼雷为基础，研制出一款名为"战车"（Chariot）的人操鱼雷，专门用来攻击德国停在挪威特隆赫姆的"提尔皮茨"号战列舰。1932年10月30、31日晚，两枚战车鱼雷拴在一艘渔船下面，进入特隆赫姆峡湾，行驶至距离"提尔皮茨"号15千米远的地方时，鱼雷从渔船上滑脱，沉入海底，但鱼雷上的两名乘员却按原计划潜入瑞典。

1944年10月28日，两枚战车鱼雷成功袭击了暹罗（今泰国）普吉岛的两艘轮船。"锋利"号潜艇将战车及其乘员运送至预定作战区，之后乘员驾驶鱼雷前进，并将炸药包固定在"苏门答腊"号和"沃尔比"号商船的舱底。回到"锋利"号上不久，他们就听到两声爆炸声，两艘商船直到战争结束都无法正常航行。整个二战中，英国共使用战车鱼雷进行了8次进攻，这次进攻是其唯一一次完全成功的。

德国研制的"内格尔"（Neger）单人人操鱼雷有时也以其发明者理查德·莫尔的名字为名，被称为"莫尔"。"内格尔"由上下重叠的两枚鱼雷构成，上层的鱼雷没有弹头而只安装了座舱，座舱由树脂玻璃覆盖。这种鱼雷速度慢，且不能潜水，航行时驾驶舱浮出水面。此外，"内格尔"只能在距离攻击目标非常近的时候离开母船；白日里，"内格尔"的座舱会反射阳光，因此极易被人发现。1944年1月，德国在安齐奥用"内格尔"对付盟军船只，同年6月的诺曼底战役中也有"内格尔"的身影。其在远离诺曼底沙滩的海面上炸毁了2艘扫雷舰，以及1艘轻巡洋舰，但同时也损失了相当数目的"内格尔"。"内格尔"的后续型号"黄鼠狼"（Marder）也并无多大改进。

日本的回天鱼雷（Kaiten）是在长矛鱼雷（Lang Lance torpedo）的基础上改良而来，上面有专为船员准备的隔间以及一座指挥塔。长矛鱼雷体形巨大，体长9米，弹头里装了半吨炸药，时速能够达到91千米。它通常被用作自杀式武器，直接撞向目标。1944年11月，回天鱼雷在美国舰队的泊地乌利西环礁发起进攻，以牺牲8名回天乘员的代价击沉了一艘油轮，这也是回天鱼雷首次现身战场。在硫黄岛战役、冲绳岛战役以及太平洋战场的其他战斗中，回天鱼雷击沉了4艘美国军舰，其中最大的一艘是驱逐舰"安德希尔"号。日本自身也损失惨重：18艘搭载回天鱼雷的潜艇中有8艘都在发射鱼雷前后被击沉；其他的被迫中断进攻计划。此外，还有80枚回天鱼雷失踪。

一方面，就投入和回报比例而言，意大利的"猪猡"人操鱼雷无疑是最为成功的。尽管英勇的士兵因此而丧命，研制"猪猡"并将其运送至攻击目标附近花费了大量时间、金钱、精力，但总的说来，付出与收获相平衡。而另一方面，英国、德国和美国的人操鱼雷获得的战绩基本可以忽略不计，但鱼雷乘员的勇气不容置疑。

上　图：意大利人操鱼雷"猪猡"

右　图："猪猡"的控制室

下页图：和母舰"奥特拉"号一起被俘的意大利人操鱼雷。"奥特拉"号是一艘经过改装的商船，1942—1943年被用来对付直布罗陀海峡的盟军船队。1943年被英国俘获后，在船上的秘密隔间里发现了这枚鱼雷

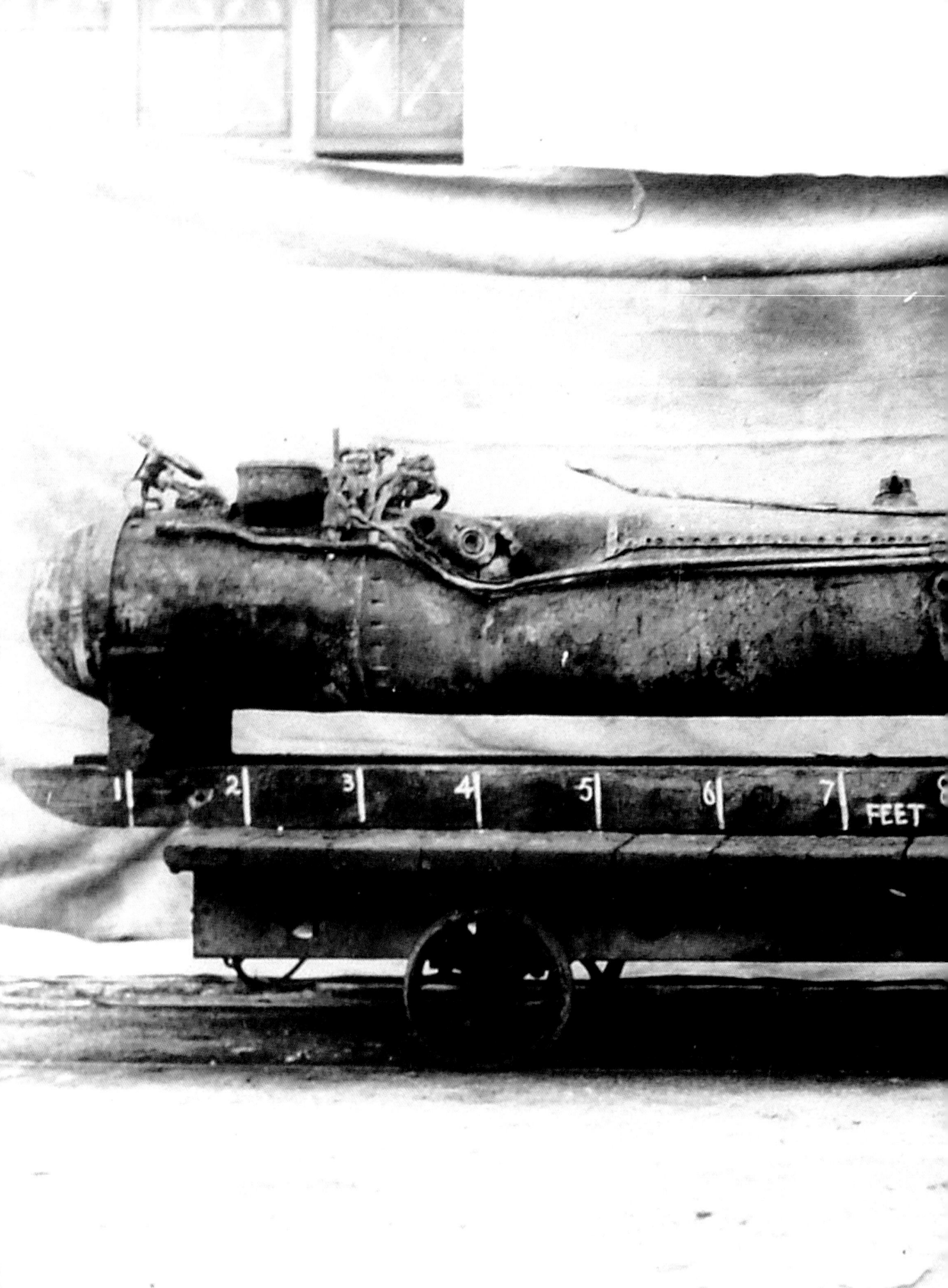

33 日本军帽

日本军队最为人熟知的军帽有两种：一种是罐形钢盔，另一种就是布制战斗帽，帽舌通常用布料制成，偶尔也使用皮革材质。日本陆军的钢盔和军帽正面有五角星装饰；日本海军则以船锚为饰。

日军即便是穿戴正式的制服时也会搭配舒适而实用的战地帽，在美国"密苏里"号战列舰上参加投降仪式的日本军官的照片证明了这一点。1945年10月，日本的山下奉文将军在马尼拉参加战争犯罪委员会对他的审判时也戴着这种战地帽。不论军阶高低，他们的战地帽都是同样制式。

钢盔上面多以网覆盖，方便插入树叶或杂草进行伪装。即便身着常服，日本军官也会在外面加一件束腰外套，领口敞开，露出雪白的衬衣；衬衣领口没有领结。

无所不在的战地帽体现了日本人，尤其是日本陆军，对于作战装备实效性的讲究。试举一例，日本士兵配备了高效的掷弹筒，能将0.8千克重的炮弹精确发射至640米远的地方，盟军当时所有的装备都不能与之媲美。

为了给敌人制造恐慌，日本军队要求士兵在战斗时用6.5毫米口径步枪上38厘米的刺刀刺杀敌人。日本军队的士兵多从农村招募而来，农民的粗粝使他们成长为优秀的战士。但是切不要以为他们愚昧混沌，要知道，日本的国民教育水平相当之高。他们被灌输日本军队是世界上最强军队的理念；死亡是归宿，不应当恐惧。

除了蓝色的棉质战地帽之外，日本海军还有一种白色圆帽，跟英国海军的帽子有几分相似。身穿白色制服时佩戴白帽，身穿蓝色制服时则佩戴蓝帽。两种圆帽的帽檐上都有英国皇家海军称之为"帽签"的横条，上面用日语写着戴帽人所在舰只的名称。日本陆军的军官和下级军官根据不同的时令，佩戴白色或蓝色的尖顶帽。这些帽子与大部分国家海军的制帽都很相似。身穿工作服的日本水手有时佩戴战地帽；在航母的飞行甲板上装备飞机时，则佩戴棉质的飞行头盔。

上　图：菲律宾巴丹半岛沦陷之后，岛上的一名日本士兵

下页图：经典款日军战地帽

34 秘密无线电台

在敌军境内安插间谍、特工以及从事破坏活动的人员通常只是秘密行动的第一阶段，被安插进去的人若不能传回情报，就没有任何作用。他们的工作涉及许多方面，主要包括：从基地接收指示，并传回情报；请求空投设备；为自己或他人请求撤离；为投递物资或进行撤离活动的飞机进行导航或与之交流。要展开这些任务，唯一有效又快捷的方式就是无线电，所以专供特工使用的无线电台应运而生，这种电台必须满足几个重要条件。

首先，电台必须坚固耐用，不易受损；同时，为了便于携带，电台体积越小越好，最好能够装在行李箱或是其他不起眼的容器之内；此外，电台必须具备远距离发送和接收信息的能力。理想状况下，电台还要能依靠电池、主电源，以及手摇式或脚踏式发电机工作。

这些条件有的自相矛盾。就当时的技术水平而言，无线电台通常体形巨大，电力需求强，如此才能远距离发送和接收信息。当时还没发明晶体管，电台多使用极易破碎的真空管。同时，要进行远距离的信息接收和发送就必须使用长长的天线，但如此一来，情报工作就毫无隐秘性可言。

最后，英国特别行动处和美国战略情报局携手解决了这些难题，到1942年初，已经研制出满足关键指标要求的电台。专为英国特别行动处以及秘密情报局（军情六处）研制的Paraset秘密电台是特工使用的最小的电台，重约2.3千克。之后出现重约6千克的SOE A型MK III行李箱式电台更加可靠，许多电影中都有它的身影，其

信号发射范围可达800千米。美国也研制出了重约13.5千克的AN/PRC-1行李箱式电台。

当时所有的电台安全性都不高；它们不能自动"扰乱"信息，以防止他人监听并破译。如今的秘密电台在发送较长的文本信息时都使用脉冲串方式传输，信息在空中以微秒的速度传播，使敌军的测向基地因时间太短而无法确定发射信息的电台的位置，但在20世纪40年代，秘密电台还做不到这一点。

当时，特工使用的高频电台无法远距离发送和接收语音信息，所以莫尔斯电码就成了他们之间的沟通方式。信息通过单次密码本加密，发送者和接收者手里持有相同的加密和解密密码本，所以发送者只须发送上面的数字即可。信息一旦发出并被另一端的人接收破译，双方就会立刻销毁密码本，不留副本。这种方式虽然安全，但效率极低。输入的信息过长有可能使信息发送者被敌人的测向设备定位——德国有许多高质量的测向设备，并借此抓获了许多特工。

特工使用S电话——也就是当时指代无线电电话的专用术语——与后勤补给飞机进行语音沟通。无线电通信的主机设备安装在飞机上，特工手里则是约重7千克的地面设备，通常装在行李箱或是特工背上的包里。理论上来说，电台用作无线电话与3 000米高度的飞机进行沟通，其有效范围则可达65千米；若飞机飞行高度降至150米，其有效范围则降至10千米。1.6千米以外的地面探测器无法检测到发送给飞机的信息。S电话发出的信号还可以为130千米外的飞机提供导航，使其准确到达空投区。

对页图：法国抵抗运动的战士正在使用无线电设备

上　图：特别行动处F小队无线电操作员伊冯娜·贝思登接受训练时使用的电台。伊冯娜在22岁时空降至法国，加入第戎附近的"斯库若"（SCHOLAR）巡回作战小队。她参与了当时对法国抵抗运动最大的一次日间物资空投。之后于1944年6月26日被德国纳粹俘虏，经盖世太保审讯之后被送至拉文斯布吕克集中营，1945年春重获自由。她被授予大英帝国成员勋章（军事奖）、法国荣誉军团勋章以及加挂棕榈叶的英勇十字勋章

35 丝质逃亡地图

丝质逃亡地图由英国秘密逃亡机构军情九处，以及美国相应的机构MIS-X共同设计。成立于1939年12月的军情九处是英国陆军部下属的军事情报指挥处，其主要任务包括：从被遣返的战俘身上获得关于敌军的情报，与仍在战俘营中的战俘进行秘密通信；通过事先确定的计划，或秘密提供设备帮助战俘逃跑；训练军队逃生和躲避的能力；组织境外援手，协助逃亡者返回故土。

军情九处为有战斗任务在身的机组人员以及发动袭击的突击队员每人分发一个钱包，里面有价值10英镑的当地货币，一把小钢锯以及微型指南针。他们还随身携带印在丝绸上的地图，这种地图经久耐用，且隐蔽性好。以生产扑克牌及大富翁等纸板游戏而著称的沃丁顿有限公司承接了英国逃亡地图的印制，这种丝绸逃亡地图实际上是复制地图出版商巴塞洛缪发行的地图，战争时期，该公司放弃了所有作品的版权和版税。

丝绸地图隐蔽性好，可以放在香烟盒或鞋跟里；即便在严苛的环境中也能够得以保存，甚至可以在水中浸泡。其比例尺较小，地图测量面积非常大，而有的地图还是双面印制的。英国地图涵盖范围十分广泛。试举一例，1943年系列的地图专为欧洲战区而制，一共包括10幅，经过不同的组合方式可覆盖法国、比利时、荷兰、德国、捷克斯洛伐克、波兰、匈牙利、罗马尼亚、塞尔维亚、保加利亚、西班牙、瑞士、希腊、阿尔巴尼亚、土耳其、克里特岛以及葡萄牙。其他系列的地图则覆盖了挪威、意大利、昔兰尼加以及亚太战区，简而言之，几乎所有英国士兵或特工所及之处，这些地图都可覆盖。

在机组人员和突击队员行动前分发丝绸地图是一回事；将其偷送给战俘是另一回事。红十字会分发的食物包里没有放入地图或其他逃生装备，以防食物包被禁——食物包的配额很小，特别是临近战事晚期，只够维持战俘的基本生存。战俘家里送来的包裹也不能用来运送该类设备，因为众所周知，这类包裹会被严格检查。于是，英国人假借慈善机构的名义，给战俘送包裹，里面有衣服，有游戏牌，有时候还有图板游戏。德国人认为，战俘若有事可做，管理起来就不会那么麻烦，遂同意了该做法。此外，还有标记注明送来的地图是哪个地方的，以保证东西到达需要的人手里。比如，在"地产大亨"游戏板中的地名后面画一个饱满的句号，如梅菲尔、马里波恩等。

战俘中也有逃亡组织，将送来的丝绸地图作为模板，印刷地图；此外，他们还生产便服，伪造文件，以及制作其他逃亡设备。这些"二次印刷"的地图都是手工绘制，然后利用红十字会分发的食物包里的果酱、沥青中的油墨，以及防盗网中的栅栏，进行印刷。到底有多少幅地图成功流入战俘手中目前尚不清楚，但是有总计超过3.3万名英国、英联邦以及美国士兵从敌军占领区成功到达盟军防线。他们有的是逃亡者，有的是还未被逮捕过的避难者。

下页图：来自英国皇家空军自愿后备队的休·贝雷斯福德·维里蒂少校在英国皇家空军第一六一中队服役以支援特别行动处时使用的丝绸地图

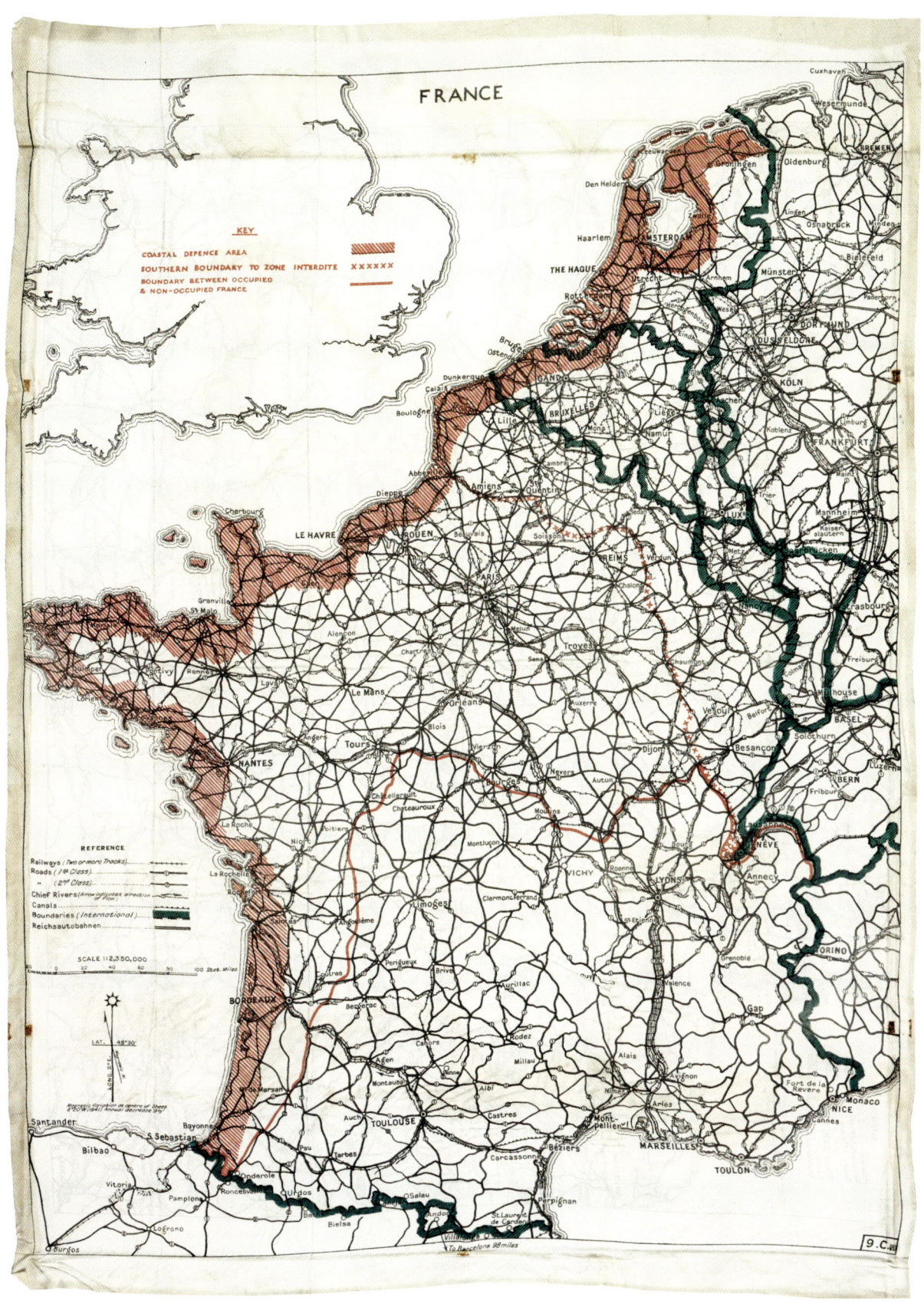

36 "炸弹"与"巨人"

> "炸弹"（Bombe）是世界上第一台计算机"巨人"（Colossus）的前身，它是一种机电式的计算机。德国军队的信息在传递之前会在恩尼格玛密码机上加密，研发"炸弹"就是为了破译德军的加密信息。恩尼格玛密码机于1923年面世之后迅速成为德国陆军、海军，纳粹德国空军、党卫军、德国军事谍报局（Abwehr）、国家铁路局的宠儿。初期的恩尼格玛密码机有三个转子和一个键盘，中间由电路相连，只要按下一个字母键，显示屏上就会亮起另一个不同的字母。发送端的恩尼格玛密码机操作员收到的信息一目了然，他用恩尼格玛密码机转换出的字母来替代原文本中的字母，对原来的信息进行改写。转子的密钥设置每天都不一样，即便是最简单的加密也令人费解，因为每封信都可能有几亿种解法。随着战事的推进，恩尼格玛密码机又增加了一个转子，使破解密码的步骤大大增加。整个二战中，德国人都坚信恩尼格玛密码机牢不可破。

尽管英国人在战争中缴获了数台恩尼格玛密码机，但是知道它的工作原理只是破译密码的第一步；破译密码的关键在于要知道转子当日的密钥设置。当时英国已有类似的密码机，名为"太佩科斯"（Typex）。英国人意识到，恩尼格玛密码机是可以破解的，因此他们在伦敦北部的布莱切利庄园的政府代码和密码破译学校组织了一群来自高校的数学家。一开始，他们依靠数学公式破解了一部分信息。破译能够成功主要有三个原因：首先，总共只有26个字母；其次，每个字母都不能代表其本身；再次，键盘上没有数字键，数字只能采用拼写方式。为了加快破译进程，来自波兰的破译者研发出"炸弹"；经过天才数学家阿兰·图灵的改进之后，"炸弹"被安装在布莱切利庄园。这种被昵称为"炸弹"的机器在整个战争过程中都在不断改进，最终有5种不同型号分布在布莱切利庄园等不同的地方，为战争服务。1940年8月1日，安装在布莱切利庄园的"炸弹"首次自动破解了恩尼格玛密码机的密码。

"巨人"是世界上第一台电脑，它的研发初衷是为了破解洛仑兹密码机。1943年12月，"巨人"落户布莱切利庄园。洛仑兹密码机有12个转子，而恩尼格玛密码机只有4个。最终，布莱切利庄园总共安装了5台"巨人"，其中一部分用来破解日本军队的密码。1944年6月，盟军在诺曼底登陆，"巨人"破译出的信息功不可没。1944年初，柏林的日本外交官视察大西洋壁垒，此壁垒用于防卫盟军反攻时登陆的海滩，欧洲大陆西海岸也在其防卫范围之内。回到大使馆，他给位于东京的陆军总部发了几条很长的信息，详细描述了自己所见到的一切。英国军队位于英格兰的监听站截获了这些信息并将其破译。破译出的信息与空中摄影侦察获得的信息相综合，使盟军确定了沙滩上守军的枪支数量、枪支口径，以及机枪掩体的位置，这使得这些信息显得尤为珍贵。

对页图：1940年8月1日，"炸弹"首次自动破译了恩尼格玛密码机的密码，图片中的"炸弹"正是首次破译密码的型号

上图（顶部）："巨人"和雷恩公司工作人员的珍稀合影。I型"巨人"由1 500根真空管带动，II型"巨人"则有2 500根真空管

上图（左）：布莱切利庄园的优先破译小组，他们负责处理重要的无线电通信密码，比如影响重要战役的信息，诺曼底登陆战就是其中一例

上图（右）：位于米德尔塞克斯，伊斯特科特的"炸弹"机器室跟布莱切利庄园的十分相似。战争中，"炸弹"的工作负荷增大；因此，除了布莱切利之外，还有8个地方都安装了"炸弹"。到1944年，至少有200台"炸弹"在不同的地方工作

37 《星条报》

1917年到1919年之间，美国政府专门为其远征军出版了《星条报》；1942年，为了向正在服役的美国士兵提供国内后方和全球战争形势的信息，《星条报》再次复活。《星条报》获得美国陆军部的认可及经费支持，但是编辑控制权却在两队人马手中摇摆，一方是陆军部的官员及资深公共事务官员，一方是报纸的编辑人员。报纸的编辑大多数都是老牌记者，他们虽然也穿政府制服，但是更忠于美国宪法《第一修正案》，而非《战争法案》。

《星条报》刊登的后方新闻主要来源于美国新闻服务部和全国性的报纸，所以并没有出现"言论自由"的问题。报纸内容丰富，涵盖了政府政策以及国内大事，一些负面消息也被报道出来，以回击流言和来自家庭的一些有偏差的思想，以及敌方的宣传。《星条报》还能让美国士兵站在陆军部的角度，看待其他战区的形势，盟军其他部门对战争的贡献，以及军队战略及决策背后的原因。《星条报》几乎不涉及作战情报安全领域，其记者也要像其他报纸的记者一样，遵循安全审查制度。

一些高级指挥官认为，《星条报》的颠覆性影响力会损害他们的权威，并担心该报鼓励士兵不守纪律，这使《星条报》陷入麻烦当中。但其编辑人员并没有把政府高级官员视作无瑕的圣人，在他们眼里，并非所有的陆军部政策都是明智的。流行漫画家比尔·莫尔丁中士创造了"威利"和"乔"两个漫画人物，用来代表二战中的美国大兵，并以此作为批评陆军部诡辩、揭露官员及后方人员非法特权的方式。《星条报》还报道了指挥官违反陆军部政策的事情，这些政策本来是为了维护士兵的权益。其调查性的报道揭露了黑市交易以及部队战斗时对紧缺物资的不合理分配。

马克·W.克拉克将军不断威吓军事记者；太平洋战区的高级军事指挥官道格拉斯·麦克阿瑟将军禁止《星条报》在该战区流通，直至1945年才解除禁令。但《星条报》的记者却可以将新闻透露给报道战事的非官方媒体的同行，并借此挑战军队将领的权威。乔治·S.巴顿将军想让莫尔丁接收军法审判，但他却获得了1945年的普利策奖。

二战期间，《星条报》共有逾100万名读者。对在战场上厮杀的美国士兵而言，《星条报》关于对德作战的报道称得上是无价之宝。

上　图：正在阅读《星条报》的美国士兵
下页图：1945年5月9日，《星条报》欧洲胜利日特别版

V-E Day	NICE-MARSEILLE EDITION **THE STARS AND STRIPES** Daily Newspaper of U.S. Armed Forces in the European Theater of Operations	D+336
Vol. 1—No. 57	Wednesday, May 9, 1945	ONE FRANC

Allies Proclaim:
IT'S OVER

Surrender Is Signed At Rheims

By CHARLES F. KILEY
Stars and Stripes Staff Writer

RHEIMS, May 8 — The Third Reich surrendered unconditionally to the Allies here at Gen. Dwight D. Eisenhower's forward headquarters at 2:41 AM Monday.

The surrender terms, calling for cessations of hostilities on all fronts at one minute past midnight (Double British Summer Time) Wednesday, May 9, were signed on behalf of the German government by Col. Gen. Gustaf Jodl, Wehrmacht chief and Chief of Staff to Fuehrer Karl Doenitz.

Under Jodl's signature were those of Lt. Gen. Walter Bedell Smith, Chief of Staff to the Supreme Allied Commander; Gen. Ivan Susloparoff, head of the Russian mission to France who was authorized by Moscow to sign on behalf of Soviet forces, and Gen. Suvez of France.

The surrender was signed in five minutes in the SHAEF war room here, 55 miles east of Compiegne forest where Germany surrendered in the last war on Nov 11, 1918, and the scene of the capitulation of France to the Third Reich in this war June 21, 1940.

Flew from Germany

The terms were signed in less than ten hours after the arrival of Jodl by plane from Germany, and 34 hours after final negotiations first begun with the arrival Saturday of Gen. Adm. Hans Georg von Friedeburg, commander in chief of German navy, who on Thursday headed the Nazi delegation which surrendered German forces in Denmark, Holland and Northwestern Germany to the 21st Army Gp.

Gen. Eisenhower did not take
(Continued on Page 8)

Announce the Victory

GEN. EISENHOWER   **PRESIDENT TRUMAN**
"The crusade... has reached its glorious conclusion."

3rd Told Big News After Taking Prague

On the day of official announcement of the European war's end Third U.S. Army troops drove into Prague, and Marshal Joseph Stalin announced the fall of Breslau, Germany's ninth city, after an 80-day siege.

The Czech radio announced yesterday that the Czechoslovak commander of Prague defenses had welcomed the commander of the First Div. to Prague. The Germans, who fought a four-day patriot uprising, surrendered effective the afternoon of May 9—today.

A Soviet correspondent reported that the German commander raised the surrender flag at Breslau at 1800 hours Monday. German defense efforts ended in almost complete destruction of the city.

SWEDES BREAK WITH GERMANY

Sweden yesterday severed diplomatic relations with Germany on the ground that there is no central government to be recognized. The Swedish radio said all German buildings in Sweden had been taken over.

Doughs Watch 'Final' Battle

ON THE ELBE RIVER, May 8—One of the last battles of the European war was fought on the east bank of the Elbe today—between the Russians and the Germans with Americans as spectators.

Everybody knew the end of hostilities was only a few hours away.

For the last week the German 12th Army was pushed back on the Elbe, and began surrendering to U.S. troops. The Germans built bridges while Americans on the west bank of the Elbe watched and accepted their surrender.

Peace came to Europe at one minute past midnight this morning (Nice-Marseille time) when the cease-fire order to which Germany had agreed went into effect.

Formal announcement of Germany's unconditional surrender came nine hours earlier in radio proclamations by President Truman and Prime Minister Churchill.

As they spoke the last "all-clear" sirens sounded in London and Paris, and the streets in both cities were the scenes of frenzied celebrations. America took the announcement calmly and quietly, having staged its celebration Monday when the German announcement of the surrender was flashed.

All hostilities had not ceased yet, however. Some German pockets still were resisting the Russians in Czechoslovakia and on islands in the Baltic Sea. Moreover, up to a late hour last night Moscow had not proclaimed victory.

The surrender agreement, it was disclosed, was signed at 0241 hours Monday in Gen. Eisenhower's headquarters at Rheims, France. To the last the Germans attempted to split the Western Allies and Soviet Russia, offering surrender at first only to the Western Allies. This was rejected flatly by Gen. Eisenhower.

Defeat of Germany—concluded in the bomb-burned and
(Continued on Page 8)

Allied Soldiers Praised In Ike's Victory Order

The text of Gen. Eisenhower's victory order of the day follows:—
Men and women of the Allied Expeditionary Force:

The crusade on which we embarked in the early summer of 1944 has reached its glorious conclusion. It is my especial privilege, in the name of all nations represented in this theater of war, to commend each of you for valiant performance of duty. Though these words are feeble they come from the bottom of a heart overflowing with pride in your loyal service and admiration for you as warriors.

"... Astonished the World ..."

Our accomplishments at sea, in the air, on the ground and in the field of supply have astonished the world. Even before the final week of the conflict you had put 5,000,000 of the enemy permanently out of the war. You have taken in stride military tasks so difficult as to be classed as impossible. You have confused and destroyed your savagely fighting foe.

On the road to victory you have endured every discomfort and privation and have surmounted every obstacle ingenuity and desperation could throw in your path. You did not pause until our front was firmly joined up with the great Red Army coming from the east, and other Allied forces coming from the south.

Full victory in Europe has been
(Continued on Page 8)

38 奥斯特轻型飞机

奥斯特轻型飞机在争议声中成为第二次世界大战中最出色的炮兵校射机，它是美国泰勒飞机公司（Taylorcraft）面对不断扩大的私人轻型飞机市场而设计的。到1938年，英格兰成立了泰勒飞机航空公司（Taylorcraft Aeroplanes），以获得许可制造飞机。奥斯特轻型飞机有数种型号，第二次世界大战爆发的时候，军方对其进行评估，看它能否胜任侦察机的角色。最后，军方选中了泰勒飞机公司生产的Plus C两款飞机，并将其命名为奥斯特Mk I。

Mk I的设计十分成功，因此后来又在它的基础上研发出Mk III型号。Mk III配备了吉卜赛·梅吉发动机，一共生产了470架。后续的改进型号包括安装了美国莱康明发动机的Mk IV，其机舱更大，足以容纳三名机组人员。Mk IV的驾驶员座舱采用全玻璃密封结构，后续的机型亦是如此。较之于先前的型号，这是一个长足的进步，因为之前的飞机座舱两侧和后视效果不佳。但英国军队最常用的奥斯特飞机还是Mk V，这种配备了盲目飞行仪表的飞机大约生产了800架。

奥斯特能够在跑道短小且高低不平的简易机场起飞，也能在两侧无障碍物的道路或小径上降落。奥斯特轻型飞机为上单翼构造，这使它的升空能力极高，俯视地面时视野良好。得益于它的大型后缘襟翼，奥斯特能够以极慢的速度飞行而不失速，这一点在进行地面侦察时尤为可贵。此外，飞机上的大型方向舵使奥斯特具有极为出色的盘旋能力，在低速飞行时更是如此，战斗机想要将其击落十分困难。借助盘旋和转弯，以及突然将襟翼全部放下，经验丰富的奥斯特飞机飞行员能够使飞机几乎减速至零，追击的战斗机往往会因此而射击脱靶。英国皇家空军研发的"莱桑德"（Lysander）飞机做此用途时，往往不堪一击。

奥斯特Mk V的最高飞行时速可达209千米，远胜于德国菲泽勒Fi-156C"鹳"式侦察机（174千米）和美国O-49"警戒"联络机（196千米）。此外，奥斯特的航程为402千米，虽然不如"警戒"（450千米），但也超过了"鹳"式（386千米）。奥斯特的起飞重量仅为837千克，所以能够在简易机场以及森林旷野等粗陋的环境中起降，而"鹳"式的起飞重量则为1 322千克，"警戒"甚至高达1 539千克。所以奥斯特能够更加靠近战斗前线，在面对支援请求时反应极快。

高级指挥官在部署军队时需要观测地形，因此常常用到奥斯特轻型飞机，其作用与今天的直升机相当。但是它最常见的用途还是将一名炮兵观察员载至空中，校正火炮弹着点。炮兵军官也要接受飞行训练，并和英国皇家空军一起组成航空观测通信中队（简称Air OP）。他们能够发现地面上友军炮兵观察员视野之外的敌人，并对其发动攻击。奥斯特轻型飞机还带来一个意外的福利：空中有炮兵观察员的身影，地面的敌方火炮往往因为害怕被发现而不敢开火——一旦被炮兵观察员发现，它们就会遭到炮火反击。

航空观测通信中队不会从目标上方直接飞过，而是待在己方战线内，并保持一定飞行高度，监视地面观测队觉察不到的死角。

开始的时候，英国皇家空军坚决反对成立航空观测通信中队。实际上，他们直到今天都一直在反对英国陆军任何有关成立陆军飞行队的建议，他们偏执地认为，只有英国皇家空军才能驾驶所有机型。

下页图：一架装配了130马力吉卜赛发动机的奥斯特Mk III飞机，也是奥斯特飞机早期型号中产量最大的一款

39 MG 42通用机枪

一战结束之际,机枪包括两种类型:轻机枪和重机枪。后者,如维克斯、马克沁和勃朗宁,几乎都是水冷型机枪。尽管0.50英寸(12.7毫米)口径的勃朗宁机枪在战争末期就已经问世,但是直到1922年,才正式在美国陆军中服役。重机枪在某些国家的军队中也被称为"中型"机枪,其设计目的主要是用远程火力压制敌人以支援进攻,或者是在防御作战中,在预设位置以远程火力阻滞敌人的进攻。重机枪一般使用重型三脚架,在某些军队中也使用助锄,有时候还装配护盾。水冷系统使用的水冷器外罐十分笨重,如果冷却水完全蒸发并且无法补充的话,就只能用尿液来冷却枪管。重机枪弹药通常被装在一个沉重的箱子中,也就是英国军队所谓的"衬垫"弹药箱,它能够装一条250发子弹的供弹链。一挺完整的重机枪包括水冷器、弹药箱、支架和枪本身,单靠一个人是无法搬动的。重机枪因体形巨大难以隐蔽,为了提高其抗击打能力,通常要挖一个土坑作为阵地或者是在地面上筑一道掩体。

第一次世界大战前,美国的艾萨克·刘易斯上校设计了一款轻机枪,最初交由英国伯明翰轻武器公司生产。该轻机枪在一战中的美英军队中十分常见,在二战当中也广为使用。刘易斯轻机枪能够单兵携带(尽管需要其他人帮忙搬运额外的弹药),能用俯卧姿势或者紧要关头时站立射击,且易于隐蔽。在两次世界大战之间的年代,各国军队陆续采用改进型轻机枪:美国勃朗宁自动步枪(BAR),英国布朗式轻机枪(实际上是捷克人设计的),法国维克斯-贝尔捷全自动步枪。轻机枪全部是气冷式,所以当枪管因为长时间射击而过热时,可以很快换上一根备用的枪管以保持火力。

大部分国家的军队在二战时都装备了至少两种机枪:轻型机枪、中型机枪,有时也使用重型机枪。但是德国陆军坚信,用两种机枪担任不同的战术角色会导致该用的武器无用武之地,因此他们设计了第一款通用机枪。其基本配置大致相同:枪支使用供弹链;枪管易于更换;能够安装在三脚架上;并且配备了远程瞄准具、双脚架以及枪托。在进行远程射击任务时,士兵可以将枪托和双脚架移除,迅速将枪身安装在三脚架上

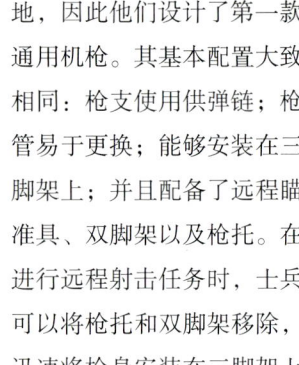

并装上瞄准具,以便进行间接射击或在固定射界上执行夜间射击任务。这些优势使一款优秀的机枪脱颖而出。

该款机枪最早的型号是MG 34,它设计于20世纪30年代初,1934年正式服役。MG 34全重12.1千克,使用7.92毫米弹药,可使用供弹链或弹夹,最大射速为每分钟650发。MG 34一直是德军通用机枪,到1942年才被更加可靠和廉价的MG 42所取代。MG 42全重11.6千克,略轻于MG 34;虽然只能使用供弹链,但是它的最大射速达到了每分钟1 200发,几乎是MG 34的2倍。MG 42有时被误称为"斯潘达"(Spandau),是因为当时斯潘达兵工厂为了满足德意志帝国军队的需要,在一战前就已经面世的马克西姆机枪的基础上做了改进,但是实际上该机枪是由毛瑟公司生产的。MG 42是一款公认的令人敬

畏的武器，它的射速之快，使枪声听起来如同电锯声一般。美军和英军同期的中轻型机枪最大射速介于每分钟450～550发之间。一位英国陆军排长回忆，"当一个英军排和一个德军排交火时，MG 42可以不费吹灰之力地完胜。1944年7月首次见到这款机枪时，其发射速度之快和压倒性火力优势让我十分震惊"。

如今，大多数国家的军队都装备了通用机枪。

上　　图：MG 42机枪
对页图：1944年中期意大利战役期间，德国伞兵在佛罗伦萨隔着亚诺河使用MG 42开火

40 布鲁托

"布鲁托"(PLUTO)是一组英文单词的首字母缩写,意思是"海底输油管道"(Pipeline Under The Ocean)。

早在1942年,如何为在欧洲战场浴血奋战的盟军部队提供足够的燃料一事就已经提上了日程。陆地上有大约200万士兵,他们的数千辆坦克、卡车和飞机都张着大嘴,等待石油。在布里斯托尔海峡底部铺设石油管道的实验成功之后,于英吉利海峡铺设石油管道的计划也搬上了讨论桌。最终的设计是将直径为75毫米的钢管焊接成48千米长的整体,运送到代号为"谜语"(Conundrums)的大型浮鼓上面,从那里开始铺设工程。名为"谜底"的浮鼓看上去就像一个特大号的棉线轴,长27.5米,直径15米。浮鼓若载上一根完整的钢管,其重量就相当于一艘驱逐舰。

载着四根钢管的"谜语"从英国怀特岛出发,不料半路被美国军队截获,从英吉利海峡被拖到了法国瑟堡。利物浦到怀特岛之间除了索伦特海峡以外的地方都铺设了陆上石油管道,如此一来,来自海底的燃料就可以在利物浦登陆,再经输油泵输送至瑟堡。

1944年的诺曼底战役和持续超过三个月的突破德军防线的一系列战役中,海底输油管道还无力为军队提供燃料。敌军在港口附近以及科唐坦半岛布下的雷区还未清扫干净,所以首批铺设的代号为"斑比"的四根管道无法启用。抽油作业始于9月18日,当时盟军就在数百英里之外的防线上,其战线从荷兰、比利时延伸至德国边境及孚日山脉一带。

这段时间,战斗需要的燃料均来自汤博拉行动。诺曼底海面上的小型油轮里装载的汽油通过有浮标标记的管道抽上岸,直接输送到英军设置在法国贝桑的储油罐,美国则将其获得的汽油存在圣奥诺里讷的油罐中。这些管道的日输油能力可达8 000吨,除此之外,士兵还用简便油桶来装汽油,将其运往诺曼底滩头阵地——到8月末,仅靠这一种方式就向英国军队输送了18.1万吨汽油。

汽油管道从诺曼底出发,层层相连并不断延伸,最终构成了瑟堡和贝桑到法国鲁昂之间的完整管道。10月3日之后,管道输送过来的汽油被抽送至鲁昂外的塞纳河北部,存放在达尔内塔勒的储油罐中。

盟军部队控制了比利时的奥斯坦德,所以9月20日之前,油轮都能停靠在此并直接将燃料运上岸。1944年11月,英格兰邓杰内斯角到法国布伦之间铺设了三条海底输油管道,布伦在9月23日就已被加拿大占领。12月1日之前又铺设了另外三条管道。这些海底输油管道对盟军来说不啻为一场及时雨——当月,在汤博拉铺设的海底输油管道因为暴风雨而无法正常运作。英国军队在比利时根特以及法国鲁昂都修建了大容量的储油罐;美国的储油罐则位于法国巴黎和里昂附近。为美军南部集群修建的管道延伸至法国梅茨和第戎;在北方,为英军和美军建设的独立管道从比利时的安特卫普一直铺向了东方和东南方。

有空军掩护的机械化部队对燃料的急切需求可以通过一组数据得到最佳诠释:单单在1945年4月,法国和比利时的港口就卸下了350万吨物资,其中有弹药、补充的坦克和各种车辆,还有火车头、卡车,以及90万吨散装汽油。到最后,总共有11条海底输油管道。1945年3月到4月之间,日平均输油量达到3 100吨;战役的最后一天甚至输送了3 500吨石油。海底输油管道在法国人称之为"红色血液之战"的战役中扮演了主要角色。

对页图：1944年6月，英国皇家海军"桑克罗夫特"号工程船正在铺设海底输油管道，钢管从船尾滚筒放入海中

上 图：正要被拖向英吉利海峡的"谜语"浮鼓

41 吉普车

这种车辆的官方名称是MB 4×4卡车,但是人们都喜欢称之为"吉普车"(Jeep),并且都想将其收入囊中。在第二次世界大战结束之前,美国的汽车制造商——主要是福特汽车公司和威利斯·欧弗兰特公司——生产了64万辆吉普车。

尽管美国陆军部在1939年就试图将所有机动车辆规范化,使其分属于六个不同的种类,但是1940年的野外演习让他们意识到,他们需要一种小型的双驱轮式车辆,能够容纳一名驾驶员和三名乘客,并且在所有的地形中都能畅行无阻。最终采用的车型使用60马力的直列四缸发动机,载重550千克。车后若加挂拖车,载重量能够进一步提升。帆布顶棚以及两侧金属框架内的侧板均为可拆卸结构,能够抵御恶劣天气。

美国陆军部将生产原型车的命令下达到135家公司,要求他们在49日之后交出设计稿,但最后只有美国班塔姆汽车公司做出答复。班塔姆公司的设计师卡尔·普罗斯特在两天内画出设计图,并提交给陆军部。卡尔以两名陆军部官员之前的设计为基础,这也是他的设计能够获得陆军部许可的原因。

由于班塔姆公司的生产能力和工人数量不足以生产这种新型车辆,所以吉普车的合同就转向了福特和威利斯公司,他们与班塔姆公司签订版税协议,使用班塔姆

公司的设计进行生产。吉普车的空载重量仅1090千克,必要的时候可由士兵推拉前进。60马力的直列四缸发动机使它能够爬上陡峭的斜坡,平地时速可达89千米,最大行程可达450千米。经过改装之后,吉普车能够运载无线电通信设备以及担架,还能用作30毫米和50毫米机炮的底盘,执行战斗任务。此外,它还能拉动轻型反坦克炮和小型榴弹炮。

人们送给这种车辆"吉普"的美名,但这名字却不知从何而来。有人说,Jeep或来源于GP,是"通用"(general purpose)的缩写;也有人说它可能取自动画片《大力水手》里面的人物尤金·吉普(Eugene the Jeep)——它是一个像猫又像狗的卡通动物,无处不在,哪儿都能去。不同型号的吉普车分布在盟军的不同部队,部分型号甚至出现了一些仿制的变体,红军就曾使用仿制的吉普车。一个美国师通常有1350辆汽车,其中有612辆都是吉普车;每个步兵连都有一辆吉普车以及一辆拖车;事务单位的吉普车数量不止一辆。每10个美国大兵中,有7个家里都有汽车、卡车或者拖拉机,所以吉普车的日常维护和修理在基础连队就可以完成。吉普车的发动机结构简单,这也使修理工作变得可行。在崎岖地形中的实用性使吉普车在第二次世界大战中广受欢迎,这也是它在世界各地出现了多种型号的原因。直至今天,吉普车仍然深受人们喜爱。

上　图:坐在吉普车里的美国士兵望着千疮百孔的圣路易斯城

下页图:为了支持盟军进攻被纳粹占领的欧洲,吉普车投入量产,图片中是完工之后排列整齐的吉普车

42 绿色贝雷帽

1940年6月4日晚上，达德利·克拉克陆军中校——大英帝国军队总参谋长约翰·迪尔爵士的军事助理之一——从陆军部返回自己的公寓。当天下午2点23分，英国海军部发出结束"发电机"行动的信号，敦刻尔克大撤退落下帷幕。虽然得以将英国远征军的主干力量从法国和佛兰德撤出，前景仍不容乐观。

德国在49天之内占领了丹麦、挪威、荷兰以及比利时，法国也濒临溃败；英吉利海峡的港口全部落入敌军之手。克拉克苦苦思索，试图为英国军队找到反击之道。他回忆起40年前，在常规战中落败的南非布尔突击队员是如何让大量英国军队头痛的。他将自己的想法形成书面报告，呈给迪尔爵士；迪尔爵士又将其递交给英国首相温斯顿·丘吉尔。两天之后，迪尔爵士告诉克拉克，他的"哥曼德"突击方案通过了，并命令他尽快在英吉利海峡展开突袭。

早在第一次突袭开始之前，该如何称呼这支部队的问题就提上了讨论桌。陆军部的部分人士已开始将其称为"特殊任务营"（Special Service Battalions），但是其首字母缩写"SSB"中的"SS"恰好是臭名昭著的纳粹党卫军的标志。所以，英帝国军队总参谋部决定将其命名为"哥曼德突击队"。但直到1944年末，他们的徽章上一直都有"特殊任务营"的字样。

开始的时候，所有突击队员一律佩戴自己所在团的制帽和徽章。但盟军联合作战的总司令蒙巴顿上将——他当时负责指挥突击队——在1942年5月给当时陆军副大臣写了一封信：

1. 我收到来自特殊任务营指挥官的请求，他们希望自己的队伍拥有一顶独特的制式军帽。

2. 希望准许他们佩戴与空降师的栗色贝雷帽相似的绿色贝雷帽；军官和士兵可以在上面别上自己所在团的徽章。

3. 他们迫切渴望拥有自己独特的制帽，与他们交谈之后我深为震动，并且，我认为这样能够极大地激发军队的团体精神。

4. 在提交正式申请之前，我已与陆军副官私下讨论过此问题。

直到1942年10月，新的绿色贝雷帽才分发下来，但由于其颜色过于女性化，士兵并不像蒙巴顿上将所言的那样推崇它。但是"……（士兵对绿色贝雷帽的）情感迅速发生了变化，不久之后其实用价值和名声就超过了对其颜色的争议"[①]。无论是作战还是阅兵游行，士兵都满怀骄傲地戴着绿色贝雷帽，他们对它的喜爱超过了其他任何制帽。直到今天，英国皇家海军陆战队和陆军特别部队的士兵仍然佩戴着绿色贝雷帽。

① *The Light Blue Lanyard: 50 Years with 40 Commando Royal Marines*，Major J. C. Beadle, Square One Publication, 1992.

对页图：手持消音司登冲锋枪，身穿丹尼森式工作服的突击队员

左图及上图：英国皇家海军陆战队队员的绿色贝雷帽，上面有金属质地的皇家海军陆战队帽徽

43 铁拳

"铁拳"（Panzerfaust）是一款德制肩射式反坦克火箭筒，它已是该型号火箭筒的第二代产品，第一代是"坦克杀手"（Panzerschreck）。美国是世界上首个研制出肩射式反坦克火箭筒的国家，它研制出60毫米口径的巴祖卡火箭筒（Bazooka）。"铁拳"的相关设计理念在战争爆发前就已经形成，但是直到可以击穿装甲的锥形装药（又称空心装药）技术发明之后，它的威力才显示出来。其主要原理是将火药浇注成圆锥状从而将其威力提高至原来的15倍。

当时的穿甲武器仅仅依靠硬钢制成的射弹，凭借其出色的动能在装甲上"钻"出孔来。直到今天，还是有一些穿甲武器仍然靠此原理运作。炮口初速想要达到一定标准，火炮必须是大尺寸强威力，如此一来，单兵携带的想法就化为泡影。随着战事的推进，战场上出现了装甲更厚的坦克，反坦克炮因此也变得更加巨大。1939年，英国军队还在使用无甚用处的博伊斯反坦克枪和25毫米哈奇开斯炮；到1943年，他们已经改用战斗力很强的17磅反坦克炮了。反坦克炮必须拖拉前进或直接安装在车辆上，炮口爆震产生的烟尘使其非常容易暴露。

空心装药技术改变了这一现象。该技术通过形成超高温熔融金属射流，穿透装甲进入车辆内部后四溅开来，杀死里面的乘员并引爆弹药和燃油。这常常会引起巨大的爆炸，有时候甚至连坦克上的炮塔都会被炸掉。空心装药技术无需大量炸药就能对装甲车辆起到杀伤性

效果。添加空气动力学的鼻锥之后，它能安装在火箭弹上，即便加上发射器也十分轻巧，单兵即可携带。

美国的巴祖卡火箭筒被大量运往苏联，德国人在战场上也缴获了数支，于是他们就仿照巴祖卡生产出"坦克杀手"。"坦克杀手"使用电子打火的88毫米火箭炮，通常由两人操作，一人负责扛着火箭筒并点火，另一人则负责搬运备用的火箭炮并填装炮弹。其射程可达135米，能够穿透21厘米厚的装甲。"坦克杀手"能够反复装药，并且跟巴祖卡一样，只要有足够的火箭弹，就能连续开火。

"铁拳"在使用一次性发射管的情况下，也能发射空心装药弹。"铁拳"体形轻小，能够单兵携带并开火。它于1942年末首次面世，射程可达90米，能够穿透19.8厘米厚的装甲。"铁拳"造价低廉，整个战争过程中共生产了逾600万支"铁拳"火箭筒。德国军队广泛使用这种火箭筒，到战争末期，国民冲锋队也在使用它。

在建筑物密集的地区或是树木繁茂的乡村地带。如诺曼底的树篱农田中，"铁拳"进攻效果卓然。步兵小队埋伏起来，当敌军的坦克从身边通过时就用"铁拳"向其侧面和背部开火——那里的装甲往往比较薄弱。因此，盟军坦克乘员十分惧怕"铁拳"，在城镇或周围都是农业建筑的乡村地带尤其如此；在树木茂盛、多灌木篱墙的地形中，情况亦是这样。

对页图：1944年1月，东部战线的乌克兰战场，一名武装党卫军士兵手拿着"铁拳"火箭筒

上　图："铁拳"火箭筒

下页图：扛着"坦克杀手"火箭筒，携带防爆盾的德国步兵。"坦克杀手"早于"铁拳"面世

44 蒙哥马利的贝雷帽和坦克

1942年8月13日，伯纳德·蒙哥马利在西线的沙漠里挂帅英第八集团军时，身穿将官的标准制服——带有红色肩章的卡其色军常服。有照片显示，他直到当年9月仍然穿着这套制服。他掌管第八集团军的第一天早上，视察的首支部队是澳大利亚军队，他在那里获得了自己第一顶独特的帽子：一顶澳大利亚陆军的阔边军帽。接下来的几天，他接着视察军队，每到一个部队就将该部队的徽章别在他的阔边军帽上。用他的话来说："开始的时候，是我戴着它，因为它的确是沙漠行军的好帽子；但它很快就成了我的独特标志，我意识到，必须要把敌人挡在澳军防线之外！"[①] 随着时间的流逝，他收到更多徽章。很快，他的阔边军帽上就布满了各种徽章。整个阿拉姆哈勒法战役当中（1942年8月28日—9月5日）他都戴着那顶帽子；还有一张照片表明，1942年9月6日，他向罗斯福总统派来的使者温德尔·威尔基介绍一辆在战役中被毁的德国坦克时，也戴着这顶帽子。

阿拉姆哈勒法战役之后，蒙哥马利决定给自己配备一辆指挥坦克，以便在之后的阿拉曼战役以及后续的战斗当中，能够游刃有余地在战场上往来。在沙漠当中，只要占据有利地形便可以纵观整个战场。但是这种方式对轮式车辆来说并不合适，如果被敌人发现，车辆会立刻遭到炮轰。军队于是为他提供了一辆"格兰特"坦克，还配备了一名来自皇家坦克团的乘员。格兰特坦克出色的无线电通信设备以及装甲保护使许多指挥官都艳羡不已——他们的指挥车上没有这些装备。但是蒙哥马利发现，从坦克炮塔中爬进爬出的时候，他头上所戴的阔边军帽的帽檐常常与舱口相碰撞，在坦克内部也时常与其他凸出物相碰。

格兰特坦克中的乘员发现这一情况之后，建议蒙哥马利改为佩戴贝雷帽，并借了一顶皇家坦克团的贝雷帽给他——那是一顶黑色的贝雷帽，上面有皇家坦克团的帽徽。1923年。在英国国王乔治五世的许可下，皇家坦克团成为英国陆军中首个佩戴贝雷帽的部队。蒙哥马利由此发现，贝雷帽和坦克简直是最佳拍档，所以他又在皇家坦克团的帽徽旁别上了他的将军徽章。他后来在回忆录中这样写道：

我贝雷帽上的两枚徽章，归根结底，只是一个偶然；但我很快就发现了它们的实际作用。这本来只是我和坦克乘员之间的私人玩笑，最后却成为沙漠中人们认出我的方法。我很快意识到，戴有双帽徽的贝雷帽作用巨大，这让我的士兵知道，我来了，我对他们的所作所为十分关注。可以这么说，贝雷帽成了我的象征性标志。同时，它戴着也很舒适。

后来，对格兰特坦克内部空间做了一些改进，以

---

① *The Memories of Field Marshal the Viscount Montgomery of Alamein KG*, Collins, 1958.

对页图：佩戴皇家坦克团贝雷帽的蒙哥马利，照片摄于1943年

上　图：蒙哥马利的指挥坦克，照片摄于伦敦帝国战争博物馆

便让蒙哥马利的副手——约翰·波斯顿上尉，或者另一名参谋有余地开展工作，使用无线电，或是铺开地图。蒙哥马利在北非战场的沙漠战争中一直使用指挥坦克，直到1943年5月沙漠战争结束。但是西西里岛和意大利本土并不适合坦克通行，其道路狭窄，地形复杂，使用汽车、吉普车或者步行至观测点更为适宜。作为欧洲西北部战场的指挥官，蒙哥马利本不需要跋山涉水。1944年8月31日，蒙哥马利升任陆军元帅；之后，他将自己的坦克换成了指挥车，车盖上插着醒目的英国国旗。但是，他的余生中，只要身穿卡其布军常服，就一定戴着皇家坦克团的黑色贝雷帽，上面别着两枚帽徽。

45 微型潜艇

第二次世界大战当中，英国、德国、意大利以及日本都建造了微型潜艇。微型潜艇通常用来进攻泊在港口内的战舰，传统的潜艇很难进入其中。英国生产的X型微型潜艇两舷各载有1吨烈性炸药，潜艇可将炸药布设在进攻目标下方的海床上，也可以派潜水员将炸药用磁性夹钳固定在船底。轴心国的微型潜艇则使用鱼雷进行攻击。

1943年9月22日，英国的X型微型潜艇发起了第二次世界大战中最为成功的一次进攻，其目标是停在挪威卡亚峡湾中的德国"提尔皮茨"号战列舰。英国派出6艘X型微型潜艇，每艘配备4名船员，并用潜艇将其拖行至卡亚峡湾中。在此过程中，有两艘X型潜艇失踪，其中一艘上的船员得幸生还。X7号潜艇一度被反潜网所困，在戈弗雷·普莱斯中尉的指挥下，奋力挣扎方才脱困，之后普莱斯中尉继续执行任务，将炸弹放在"提尔皮茨"号战舰下面。唐纳·卡麦伦中尉指挥的X6号潜艇被"提尔皮茨"号发现，双方使用轻武器交火。卡麦伦指挥X6在"提尔皮茨"号旁浮出水面，丢下炸弹并再次沉入水中，但他和潜艇上的船员后来都不幸被俘。

4枚炸弹全部爆炸时，X7微型潜艇在返回途中再次被反潜网困住，其控制装置也因为爆炸而失灵，所以不得不迅速浮出水面，不料却被敌军的炮火击沉。普莱斯和另一位军官虽然幸免于难，但却沦为敌军俘虏。X7扔下的两枚炸弹中，有一枚刚好在"提尔皮茨"号战舰的发动机舱下方爆炸，"提尔皮茨"号遭受重创，6个月不能正常服役，北大西洋海面上的海军实力对比由此发生变化，盟军逐渐占了上风。

X5不见踪影；X10被派去袭击以为就在附近不料远在海面上的"沙恩霍斯特"号，在返回母艇的途中沉没汪洋。卡麦伦和普莱斯都被授予维多利亚十字勋章。

接下来的4月当中，海军上校马克思·谢安乘坐X24微型潜艇，对停泊在挪威卑尔根的一个大型浮动船坞发起进攻。定位目标的过程中出现失误，炸弹被放在一艘大型德国商船的下面，并将其炸沉。谢安和他的同伴顺利返回母艇之上。

1944年6月6日的诺曼底登陆战中，两艘X型微型潜艇为英国军队导航，将其带往登陆的沙滩。之后，两艘改进型的XE级潜艇在新加坡炸沉了日本的重巡洋舰"高雄"号，两名潜艇的艇长都被授予维多利亚十字勋章。同日，另外两艘XE级潜艇成功切断了越南西贡（今胡志明市）和香港的电报电缆。

战争后期，德国研制出不同型号的微型潜艇，以抵抗盟军的水陆进攻。这些微型潜艇被用在远离沙滩的外海，而非港口内，但是收效甚微。德国微型潜艇中最为出色的一款当属"海豹"（The Seehund），它被用于英吉利海峡破坏盟军的海上通信线路。德国利用"海豹"对盟军发起142次进攻，以损失35艘"海豹"的代价，击沉了盟军8艘舰只。

日本建造了50艘微型潜艇，但是大部分进攻以失败告终。1941年12月7日，日本偷袭珍珠港的战役中用了5艘微型潜艇。1942年5月31日，3艘微型潜艇进攻悉尼港，炸沉了澳大利亚皇家海军的"库塔布尔"号补给舰，舰上21名船员遇难，但3艘微型潜艇也悉数被毁。之前一天，即1942年5月30日，两艘微型潜艇潜入马达加斯加的迪耶果-苏瓦雷斯港，其中一艘重创英国海军的"拉米利斯"号战列舰，另一艘则击沉了一艘油轮。一艘潜艇后来在汪洋大海中不知所终；另一艘潜艇的船员上岸寻找食物时，遭遇盟军部队，双方展开战斗，船员身亡。日本在瓜达康纳尔岛、冲绳以及菲律宾附近发起的微型潜艇攻击大部分以失败告终。

第二次世界大战当中，意大利人仅制造了4艘微型潜艇。1942年，德国围困苏联并封锁塞瓦斯托波尔时，意大利将自己的微型潜艇派往黑海，但却一无所成。

上　图：位于德国U型潜艇内部的"海豹"小型特攻潜艇

对页图：领班水手罗兹在英国XE-4级微型潜艇的潜水控制室里，XE-4曾炸沉日本重巡洋舰"高雄"号

右　图：XE-4的控制装置

下页图：日本吴市被毁的干船坞，里面泊着大量日本微型潜艇，照片摄于日本投降之后

46 阿弗罗兰开斯特式轰炸机

阿弗罗兰开斯特式轰炸机是空战史上最伟大的机型之一，它的前辈曼彻斯特式轰炸机刚服役不久就暴露出设计上的缺陷，于是便诞生了兰开斯特。1939年，英国皇家空军要求生产一架双引擎轰炸机，其体积之大，在当时可谓罕见。第一架曼彻斯特式原型机于1939年7月26日起飞，另有209架飞机被送往各战斗中队。但是曼彻斯特式轰炸机表现之差，令人大跌眼镜；其发动机也不尽如人意，所以很快便退役了，战场上幸免于难的轰炸机则被尽数废弃。相关部门决定以曼彻斯特式轰炸机为基础，研发出新一代轰炸机。较之于曼彻斯特式，新的轰炸机航程更远，且装备了四台罗尔斯-罗伊斯公司的梅林发动机。被称为曼彻斯特Ⅲ型的第一架兰开斯特原型机于1941年初试飞，飞行效果之佳，令人瞩目，所以立即投入大规模生产。同时，兰开斯特式轰炸机也是为数不多的、从一开始就表现得无可挑剔的军用飞机，它在整个服役过程中仅进行了数次细微的改进。1942年初，第四十四战斗中队成为首个收到兰开斯特式轰炸机的部队。从那时开始，直到第二次世界大战结束，共有59个中队驾驶兰开斯特式轰炸机在欧洲进行了150万次轰炸，投掷下的炸弹重达60万吨。

较之于欧洲战区的其他轰炸机，兰开斯特的载重量更大，能够装载更重的炸弹，其载重量几乎是B-17"飞行堡垒"轰炸机的两倍。兰开斯特的正常载弹量为6 336千克，在此情况下，其航程可达2 694千米。兰开斯特还能携带重达9 958千克的英制掩体炸弹"大满贯"，不过此时航程稍短，为450千米，远胜于号称"超级堡垒"

上　图：英国皇家空军的兰开斯特式轰炸机

对页图：地勤人员正将炸弹装上兰开斯特式轰炸机。代号"园艺"（Gardening）的布雷行动虽然不为公众所知晓，但是在英国皇家空军轰炸机指挥部的调遣下，每场夜战中都有兰开斯特式轰炸机的身影，它们给德国舰艇和潜水艇带来惨重的损失。这项行动非常危险，作战区域在北海及波罗的海海湾附近相对罕见的深水航道，掷弹高度约为3 352米，在这种情况下，它们极易成为敌军的攻击目标。轰炸机通常以小分队出击，很容易被德军的雷达发现，也经常被其战斗机攻击

的B-29轰炸机。B-17"飞行堡垒"能够负载和兰开斯特轰炸机同样重量的炸弹，但是美国陆军航空队希望轰炸机能够装备更多更重型的机枪以及更多的装甲，以配合自卫轰炸队在日间进行空袭的战略。兰开斯特装备了6挺7.7毫米机枪，火力远不如B-17的13挺12.7毫米重机枪。跟B-17不同，兰开斯特的机身腹部没有球形炮塔，轰炸机上也没有机身腰部机枪手，所以兰开斯特遭遇下方攻击时十分薄弱，而德国的夜间轰炸机往往喜欢从下方进攻。曾有一架兰开斯特轰炸机曾装备腹部球形炮塔，但没有第二架此类改型投入生产。

1943年5月17日的"大坝"空袭中，兰开斯特式轰炸机一举成名，开始出现在英国公众的视野当中。实际上，它还是英国皇家空军对德空袭的主干力量，每次重要的夜间空袭中都有它的身影。英国皇家空军每投下132吨炸弹就会损失一架兰开斯特式轰炸机，其另外两款四引擎轰炸机：哈利法克斯轰炸机以及斯特林重型轰炸机则是每投下86吨和41吨炸弹就会损失一架。1944年11月12日，一架兰开斯特式轰炸机投下5 450千克重的炸弹，击沉了德国的"提尔皮茨"号战列舰。在欧洲，兰开斯特式轰炸机还被用来支援地面进攻。诺曼底登陆战中的卡昂战役，以及1944年7月的古德伍德战役当中都有兰开斯特的身影。古德伍德战役之后，轰炸机司令部总指挥，空军上将亚瑟·哈里斯评价说："陆军没有把握好这个机会真是遗憾。"

兰开斯特式轰炸机成为英国皇家空军战略轰炸的象征。虽然它已经退役，但在现今的不列颠战役纪念飞行当中，一架已经退役的兰开斯特轰炸机还是飞上蓝天，做纪念飞行。

47 美国空降师的徽章

二次世界大战当中，美国共组织了89个师，其中有5个是空降师。也就是说，这5个师的士兵要从运输机上利用降落伞开展自己的任务，或者乘坐运输机上搭载的滑翔机滑翔着陆，到达作战区域。一共有3个美国空降师参与了对德作战，它们分别是第十七师、第八十二师，以及第一〇一师。第十一空降师远赴菲律宾，与日本军队作战。第十三空降师前往欧洲，但并未参加战斗。战争过程中，若干独立空降步兵团也加入战斗，其中的第一特别任务队是美国和加拿大的联合伞兵团，在意大利和法国南部作战。美国陆军部还组织了一支非裔美国人构成的空降队伍，第五五五空降步兵营，但是这支队伍没有参与海外战斗。

德国使用空降部队的做法启发了美国陆军部，他们于1942年初将伞兵训练营改造为成熟的第五〇一空降步兵团。三个月之后，第八十二步兵师被改为空降师。1942年8月，又创建了第一〇一空降师。美国陆军中大名鼎鼎的三位"空降兵黑手党"，马修·B.里韦奇，麦斯威尔·D.泰勒以及詹姆斯·M.加文，都出自第一〇一空降师。

两支空降兵先驱部队形成的过程中，陆军部的策划者也在讨论空降部队的任务。它们一个潜在的用途就是利用降落伞和滑翔机降落在敌人后方，占领其机场，以便运输机搭载后续部队降临敌军后方。但这项所谓的"战略"在面对敌军的空中反击和装甲反击时显得不堪一击。相反，另一项作战计划获得通过：先用降落伞和滑翔机部队为水陆两栖行动打下基础，之后，传统的步兵、炮兵以及装甲部队会在24至28小时内协同空降部队作战，以免遭到敌人的毁灭性打击。这个想法在1942年11月的北非战场，1943年7月的西西里岛，以及1943年9月的西班牙战场都获得了验证；之后被广泛用于法国（1944年6—8月）、荷兰（1944年9月），以及德国（1945年3月）战场，并获得了不同的战果。

对部队指挥官来说，最根本的难题在于，因为伤亡率逐步增加，力量薄弱的空降部队被留在敌军战场太久而难以发挥作用。同时，缺乏足够的、种类多样的运输机和滑翔机也影响了作战计划。空战中的近距离空中支援从未达到应有的效果。

到1944年，空降师部队已经证实了其策划者的预测：他们只能参加激烈而短暂的战役，在敌军意料之外打他们一个措手不及。一个师下辖三个空降步兵团，包括一个滑翔机步兵团，一个由四个营组成的炮兵团（75毫米炮和105毫米短程榴弹炮），以及一个由空降工程、防空力量以及反坦克队伍组成的综合团。师部力量从8 400人攀升至13 000人，其目的在于增强炮火和步兵的连续作战能力。

对于身体强壮且具有冒险精神的美国士兵来说，加入空降师是个难以抵抗的诱惑。伞兵有额外的津贴，能够佩戴伞降徽章以及特制的伞兵帽，还能在宽松的裤子下穿着闪耀的跳伞靴四处往来。参加战斗的时候，伞兵还有特别的跳伞服，并配发特制的步兵武器。伞兵与步兵突击队之间建立了深厚的兄弟情谊。由于伞兵伤亡率非常高，幸存下来的伞兵都可以迅速获得提升。美国陆军从来不缺少空降兵志愿者。

对页图：1944年6月6日，诺曼底登陆战中准备跳伞的美国伞兵，他们来自第八十二师或是第一〇一师

上　图：第八十二空降师的徽章（上方）；第一〇一空降师的徽章（下方）

下页图：1945年3月24日，参与"大学行动"（Operation Varsity）的第十七空降师空降至德国境内。该师是第一联合空降军下属的第十八空降军的一部分，在对德国的最后一次进攻中，为进行地面进攻的美国第十二步兵军团保卫了艾瑟尔河上的桥梁

48 沙漠之鼠徽章

"沙漠之鼠"的称呼常被误用来指代第二次世界大战期间，所有协助英军参加北非战争的部队。叛国者"呵呵勋爵"在德国电台发表广播演讲的时候，曾蔑称保卫利比亚港口托布鲁克的澳大利亚士兵为"托布鲁克之鼠"，这个称号常与"沙漠之鼠"相混淆。事实上，"沙漠之鼠"指的是1940年到1945年期间的英国第七装甲师。

1938年3月，英国政府在埃及亚历山大港以西195千米处的马特鲁港组建了一支机动部队，其目的在于保护埃及边境，以防驻守在利比亚境内的意大利军队进攻英国在埃及的基地以及苏伊士运河。机动部队由四个装甲团构成，第七装甲团、第八装甲团、第十一轻骑兵团，以及由第三皇家骑炮兵团提供支援的第一皇家坦克团。机动部队的装备非常落后，主要是罗尔斯-罗伊斯公司生产的一战装甲车、古旧的轻型坦克、15英担重的卡车（约合762千克），以及3.7英寸（93.98毫米）的榴弹炮。

英国国王皇家来复枪队第一团也迅速加入其中，这支部队由陆军中校威廉姆·哥特统领，外号"扫射机"的他后来成为西部沙漠里的传奇人物。埃及的许多士兵都将机动部队视作一个笑话，机动部队在英文中叫作Mobile Force，他们将其戏称为Mobile Farce（farce意味着玩笑、笑话）。幸运的是，珀西·霍巴特少将在1938年9月掌管了机动部队，并将其带至沙漠进行了数周的实战训练，使其成为一支一流的队伍。机动部队由一个机动师构成，下辖三个旅。战争爆发时，机动师行军至埃及和利比亚边境。但不久之后，霍巴特因为和埃及的英军指挥官发生争执而被开除，这使他的部下极为沮丧。霍巴特回到英格兰，成为国家卫队的一名下士。他最后建立了第七十九装甲师，并担任其指挥官。

1940年2月16日，机动师更名为第七装甲师。师长迈克尔·奥莫尔·克莱格少将的夫人参观开罗动物园的时候画了一只跳鼠，这就是第七装甲师徽章的来源。

1940年12月9日，第七装甲师加入西迪拜拉尼战役，与意大利人作战，从此开始了他们漫长的战斗生涯。1941年1月22日，英国军队拿下托布鲁克。之后，"沙漠之鼠"部队被派去参加一项英勇的行动：穿越沙漠，朝贝达富姆发起冲锋。他们在那里重创意大利第十军。第七装甲师参与了沙漠战争中每场重大战役，包括：战斧行动（1941年6月15—17日）、十字军行动（1941年11月18—12月30日）、加查拉战役（1942年5月26日—6月21日）、熔炉战役（1942年5月27日—6月13日）、阿拉姆哈勒法战役（1942年8月31日—9月5日）、第二次阿拉曼战役（1942年10月23日—11月4日）。他们从阿拉曼出发，一路朝的黎波里发起进攻，最终于1943年5月在突尼斯结束了北非战役。

截至当时，第七装甲师已经马不停蹄地在战场上厮杀了两年半的时间。但是他们没有停下来喘口气的时间——在撤回英格兰，以备战欧洲西北部的战争之前，1943年9月至11月他们还在意大利作战。部分英国军队自敦刻尔克大撤退之后便一直休养生息，第七装甲师的不少士兵都认为，该那些人上场了，而这个过程中也发生了许多不愉快的事情。一位高级官员视察了第七装甲师朝法国行进的队伍之后评论道："他们就是在鬼混……他们是沙漠之鼠，是英国陆军中最著名的队伍，但是现在他们饱食终日、不负责任。"

第七装甲师在诺曼底遭遇了一系列挫折，还经历了更换指挥官的风波。之后，他们重拾信心，重整作风。1945年5月3日，第十一骠骑兵团带领第七装甲师进入汉堡。自那以后，除了1945年7月21日在柏林的胜利游行之外，他们再没有参加任何远征。第七装甲师在柏林郊外树立了一个标志，记录了他们从阿拉曼到德国中心的行军路线。但那上面并没有记录部队先前两年半的功绩，他们是英国陆军历史上最著名的部队之一。

对页图：1942年7月，西部沙漠中第七装甲师第七装甲旅使用的格兰特·李坦克

上 图（顶部）：第七装甲师第一指挥官迈克尔·奥莫尔·克莱格少将的夫人在参观开罗动物园之后画了一只跳鼠，这成为"沙漠之鼠"部队徽章的原型。图片中是第七装甲旅佩戴的经过改进的徽章

上 图（左下）：1942年初，第七装甲旅被派往缅甸，之后返回母队第七装甲师。但是他们的徽章变成了绿色的"丛林之鼠"

上 图（右下）："沙漠之鼠"徽章的早期版本

49 澳大利亚师的徽章

第二次世界大战刚开始的时候，第二澳大利亚帝国军[1]便已经成立，新成立的队伍选择澳大利亚独具特色的动物作为自己的徽章。第七师以笑翠鸟为徽章，第九师以鸭嘴兽为标志，第六师则以袋鼠为饰，第八师以鸸鹋为徽章。这些动物常常出现在澳大利亚的另一个标志物，回旋镖上面。通常而言，这些徽章都是黑底白图，用作部队车辆的标志。第六、第七、第八以及第九师是第二次世界大战当中仅有的、全师参战的部队。

1941年1月，第六师参与了巴尔迪亚之战，成为第一支投入战斗的部队。利比亚当时是意大利的殖民地，巴尔迪亚是其境内的要塞，由意大利军队驻守。经过两天的战斗之后，第六师俘虏了44 400名意大利士兵，缴获260门大炮以及130辆坦克，第六师则有130名战士牺牲，320人受伤。战役开始后的第二天夜里，一些意大利士兵跑来投降，却被告知澳大利亚军队明天一早就要撤兵，没时间管他们。1941年1月22日，第六师前往托布鲁克作战，并在贝达富姆重创意大利第十军。之后，第六师还在希腊和克里特岛作战；然后又去新几内亚参加对日作战。

第七师的一个旅和第九师一起参与了保卫托布鲁克的战役，第七师的剩余人马则在1941年6月至7月间进攻维希法国统治下的叙利亚。1942年8月至1945年8月之间，第七师在新几内亚和婆罗洲（今加里曼丹）参加战斗。

第八师前往马来半岛和新加坡作战，1942年2月向日本军队投降，主力队伍均被日军俘虏。

第九师是第二次世界大战中战斗时间最长的澳大利亚部队。同时，在托布鲁克被围困的第一阶段，即1941年4月至10月期间，第九师也是保卫托布鲁克的中坚力量。为了保卫托布鲁克，第九师的伤亡人数达到3 164人。除此之外，第九师还参与了前后两次阿拉曼战役（1942年7月1—27日，1942年10月23日—11月3日）。在第二次阿拉曼战役中，第九师在蒙哥马利将军的指挥下，接受了一项艰巨的任务：冲破战场北部的意大利特兰托师以及德国第一六四师。第九师成功突围，之后德国军队前往北方增援。这正中蒙哥马利将军下怀，他顺势展开"压制行动"，扭转了战局。在阿拉曼战区浴血奋战四个月之后，第九师伤亡人数达到1 809人。第九师的口碑众人皆知，蒙哥马利将军的参谋长在进攻诺曼底的当天早晨感叹道："上帝，要是第九师在这里就好了。"[2]但第九师当时

被派往新几内亚和婆罗洲参加战斗。

澳大利亚武装部队参与第二次世界大战的四个师当中，第九师获得的勋章最多，仅维多利亚十字勋章就获得了七枚，其中有六人是在死后被授勋。

[2] 引自 *The Australian Army in World War II*, by Mark Johnston, Osprey, 2007.

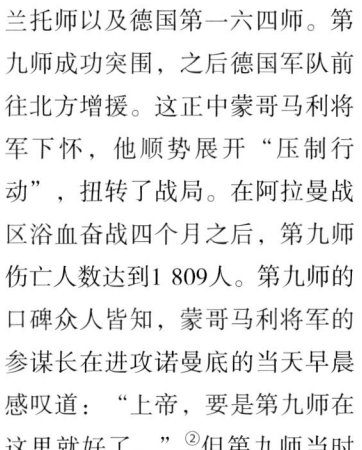

上　图：1942年11月，第二次阿拉曼战役中澳大利亚第九师的士兵

下页图（上方）：澳大利亚第七师的徽章是一只栖息在回旋镖上的笑翠鸟

下页图（下方）：澳大利亚第九师离开中东，前往新几内亚作战。之后，他们选用鸭嘴兽作为自己的徽章

[1] 其时澳大利亚属于大英帝国，故称呼其部队为帝国军队。此前澳大利亚在一战时组建了（第一）澳大利亚帝国军。——译注

下 图：澳大利亚步兵在1941年的利比亚巴尔迪亚巷战中展现其特有的战斗精神

50 "企业"号航空母舰

1941年12月7日，日军偷袭珍珠港的时候，美国海军拥有六艘大型舰队航空母舰。第二次世界大战过后，美国海军有两艘战舰幸免于战火荼毒，其中一艘就是"企业"号（CV-6）。1933年，美军同时订购了"企业"号及另一艘同级航母，由弗吉尼亚州的纽波特纽斯造船厂建造，并于1938年5月入役。"企业"号绰号"大E"，它在对日作战中获得了其他美军战舰难以望其项背的荣誉。

"企业"号自铺设龙骨起就被打造为一艘航空母舰，其标准排水量为19 800吨，长247米，宽25米，巡航速度达到每小时37千米（20节）。"企业"号能够搭载一个包括80架舰载机、6架多用途飞机，以及2 500名水手和飞行勤务人员的飞行联队。"企业"号的防御武器包括8门5英寸（127毫米）口径火炮，40毫米和20毫米混合的速射机关炮。"企业"号还装配了一套专业化的指挥系统，以便能够作为特遣舰队或者航母编队的旗舰。

珍珠港事件之后，"企业"号参与了马绍尔群岛的快速航母作战行动；1942年4月，美国陆军航空队利用B-25对东京实施轰炸，"企业"号为其提供空中掩护。凭借这两项战绩，"企业"号赢得了服役生涯中的第一枚战役之星——它总共获得了20枚战役之星徽章。"企业"号之后又作为第十六特混舰队（指挥官为雷蒙德·A.斯普鲁恩斯少将）的旗舰参与了1942年6月的中途岛战役，与日本海军作战，并击沉了两艘日本航空母舰。

在所罗门群岛海域，"企业"号遇到了它服役生涯中最大的危机。1942年8月24日在所罗门群岛东部海域战斗中，"企业"号被3枚炸弹命中，168名舰员或死或伤。在夏威夷修理后，"企业"号及时赶回所罗门群岛战场参与了1942年10月26—27日的圣克鲁兹群岛战役。战斗中，它再次被日军的2枚炸弹命中并严重受损，但是为了海外勤务，它迅速完成修理并在11月重回战场。在"企业"号前往努阿美进行修整期间，美国空军的飞机从瓜达尔卡纳尔岛起飞。之后，"企业"号返回美国进行彻底检修，并获得了"总统集体嘉奖令"。截至当时，日本军队已经两次误报，称"企业"号已被他们击沉。

1943年11月重返战场之后，"企业"号参与了吉尔伯特群岛和马绍尔群岛的作战行动。1944年10月的菲律宾海和莱特湾作战行动中，它的舰载机扮演了重要的角色。1944—1945年，"企业"号为对中国大陆和中国台湾的日军展开的攻势提供空中掩护。1945年5月14日，一架日本自杀式攻击机击中了位于冲绳岛外海域的"企业"号的飞行甲板和升降机，这使得它不得不返航至美国本土进行第三次大修。这也是日本联合舰队第三次宣称他们击沉了"企业"号。

随着更大、更先进的航母陆续服役，1947年，"企业"号从美军舰队退役，并在1958年被拆卸。现在，一艘崭新的核动力航母继承了它的名字。

对页图：日本海岸附近，一艘舰只为了使"企业"号避开自杀式攻击发射了一枚防空炮弹，"企业"号上因此到处都是弹片和火光

上　图：航行中的"企业"号，它的甲板上载满了飞机。照片为空中拍摄，摄于1939年4月12日

51 沙漠远程部队的交通工具

沙漠远程部队成立于1940年6月，其创立者拉尔夫·A.拜格诺少校是中东英军司令部总司令阿奇博尔德·韦维尔将军的手下。意大利站在德国一边加入战争之后，利比亚境内大量的意大利驻军就成为英国的心腹大患，他们极可能会威胁到埃及境内的英军基地以及苏伊士运河。拜格诺因此向韦维尔提出建议，希望成立一支侦察队，并利用这支队伍潜入敌后，观察意大利军队的动向。根据帝国战争博物馆里的详细档案，当韦维尔问道"如果意大利没什么动作又该如何"时，拜格诺如此答道："那我们不妨在高地沙漠展开一场掠夺。"韦维尔非常满意，立即准许拜格诺从埃及境内的英国和新西兰志愿者中挑选合适的人，组建侦察队。

拜格诺在第二次世界大战之前就在埃及待了好几年，他深谙沙漠行车之道，挑选交通工具的事由他全权负责，他一共计划挑选33辆汽车。英国汽车公司生产的车辆都不符合他的要求，所以他将目光转向了美国车。经过一系列测试之后，美国生产的30英担（约合1.52吨）重的商用双轮驱动雪佛兰最终胜出。拜格诺只找到了14辆雪佛兰，所以不得不求助于埃及军队帮他搞来剩下的19辆，以及一些太阳罗盘。

因为车辆内部的金属物太多，所以磁性罗盘并不可靠。如果要使用磁性罗盘测量方位，必须停下车来走远一些，长途行军的途中若常常停车会造成延误。太阳每天都挂在空中，所以拜格诺决定选用太阳罗盘，也就是改进版的日晷。开车的时候将罗盘中央的长针投下的阴影与指针对齐即可。罗盘放在领航员面前，领航员则坐在头车的驾驶员旁边。里程计会记录行驶的路程。为了绕开障碍物，或是避开大沙丘等，汽车必须蜿蜒前行；行驶150千米之后，航位推测法的误差累计若超过一定限度，沙漠远程部队的士兵就变得忧心忡忡。测定方向主要依靠经纬仪，白天以太阳为参照，晚上则以星辰为依据，这和水手在海上使用六分仪是同样的原理。

为了避免水箱沸腾时产生浪费，水箱的溢流孔上有一根管子，伸向车身侧面一个半满的水罐。沸腾产生的水蒸气会在水罐中凝结。如果水罐里的水也开始沸腾，就会喷溅到驾驶员身上，他就会将车辆停在风口处，等上一分钟左右。水罐里传来汩汩声，之后水被吸回水箱，重新将水箱注满。

车上载有金属沙槽，车轮陷入柔软的沙子当中时可将其放在车轮下面。开始的时候，前面的机枪手装备的是一挺意大利产布雷达机枪，后面的机枪手则装备了一战的老古董，路易斯机枪。随着时间的流逝，车辆携带的武器逐渐变得多样化，包括博伊斯反坦克步枪，维克斯7.7毫米中型机枪，12.7毫米重机枪，以及博福斯37毫米反坦克炮。

起初，每支巡逻队都有10辆雪佛兰汽车，每辆车的载重为3吨，此外还可搭载2至3人。其行程可达2 900千米，凭借车上装载的口粮、汽油和水，可持续行驶6个

| 对页图：沙漠远程部队的雪佛兰汽车 | 上　图：拜格诺的太阳罗盘 |

星期。汽车与基地通过无线电进行联络。但最终，每支巡逻队的车辆都削减至5辆，以便扩大巡逻范围。1941年中期，四轮驱动的福特汽车取代雪佛兰，成为沙漠远程部队的御用车辆。福特汽车的载重与雪佛兰相当，但机动性略显不足。1942年中期，福特汽车又被加拿大所产的30英担（约合1.52吨）雪佛兰所取代。

沙漠远程部队绝对是历史上最为高效的特种部队。1940年12月26日到1943年4月10日，沙漠远程部队展开了它们的第一次远程巡逻，其间只有短短15天，沙漠中没有它们的身影。

52 突击队员的匕首

突击匕首称为格斗匕首或许更加贴切。1940年,威尔金森刀具公司根据两位徒手格斗教员的要求,生产了500把匕首。这两位教员分别是:威廉·尤特尔·费尔贝恩上尉,以及上海公共租界巡捕房的埃里克·安东尼·赛克斯。第一款突击匕首刀刃长16.5厘米,刀身有S形的十字护手、平坦的剑鞘卡榫、威尔金森公司的标志,以及字母FS(费尔贝恩和赛克斯两人的姓氏缩写组合)。皮革质地的刀鞘上有绑带,以便将其缝在裤腿上;有时候也将其缝在裤腿内侧,刀柄则从裤兜里伸出来。1941年到1945年之间大约生产了25万把类似的匕首。这批匕首表面镀了一层黑色的镍,刀身略微增长,达17.5厘米,十字护手更加小巧且变得平直;锋利的刀刃一直开到十字护手处,而剑鞘卡榫也不复存在。两种型号的匕首刀刃都使用高碳钢手工打造,刀鞘则保持了原来的模样。

刀刃打造得十分轻薄,以保证能够插入敌人的胸腔;刀刃的长度足以穿透厚大衣和制服下的身躯——敌军最厚的服装约为7.5厘米厚。费尔贝恩在他的书中这样写道:

> 近身格斗时,没有比匕首更加致命的武器。选择匕首时心中要牢记两个要点:平衡以及锋利。刀柄必须与手掌完美契合,刀刃不能太重,以免手

下　图：费尔贝恩-赛克斯格斗刀，第三版。刀鞘顶端有弹力带，以防格斗刀掉落

指松握时匕首掉落。还有一点也很重要，刀尖和刀刃必须非常锋利。因为被撕裂开的动脉（相对于干净利落的创口而言）会自动收缩并止血，如果主动脉被干净利落地割断，伤者就会很快失去知觉并死去。①

突击队员被要求尽可能一刀割断敌人喉咙，另一只手则捂住他们的嘴巴，以免发出声音。突击匕首的名字其实是讹传，因为它的设计初衷并非用于战斗；突击匕首主要用于两种情况，一是携带匕首的攻击者被发现时自保，二是对付岗哨或趁敌不备发起攻击的无声兵器。格斗刀不过是一把小匕首，只能用来割割绳子，面对劈柴之类的事情它无可奈何。就这一点而言，它赶不上美国在第二次世界大战中分发给海军的K-Bar匕首，K-Bar直到今天仍在使用。尽管如此，二战中的许多突击队员还是随身携带格斗匕首——虽然随着战事的推进，袭击越来越少，近身格斗战也越发稀少。突击队员多被用来从两翼辅助主力部队进攻，或者用于对士兵素养要求极高的战斗当中。

格斗刀的形象很快便成为突击队徽章的象征物，直到如今也仍在使用。

① *Get Tough! How to Win in Hand-to-Hand Fighting*, by W. E. Fairburn, Paladin Press, 1999.

53 紫心勋章

紫心勋章是颁发给在战斗中受伤的美国士兵的奖章，它也被授予在战斗中牺牲的服役人员、因伤不治身亡者，或在战斗中失踪、多半是遇害的服役人员。同一名士兵若在不同战役中多处受伤，可以获得多枚紫心勋章。据估计，整个第二次世界大战中，有80万到100万人获得了紫心勋章。

美国陆军部于1932年设立了紫心勋章，其灵感来源于当时的军功章（Badge of Military Merit）——一种紫色的心形勋章，中间绣有"merit"（功绩）字样。乔治·华盛顿总统于1782年设立了军功章，其目的在于表彰战斗中表现英勇的杰出士兵。相关资料表明，华盛顿总统只向陆军部的三名士兵颁发了军功章。

第一次世界大战之前，美国军队并没有正式的勋章，用来表彰在战斗中光荣负伤的战士。一战时，美国陆军部设立了V形臂章，别在军服或军礼服右边衣袖的袖口上。颁发V形臂章要以远征军医务部的记录为依据，并获得美国远征军将军的许可。在V形臂章设立之前负伤的人员也可以获授该臂章。1932年出台的规则表明，紫心勋章会代替V形臂章，因为V形臂章容易与海外服役部队的纹章混淆——它们也是佩戴在制服的衣袖上。1932年之后，新的勋章被授予那些在战斗中表现出"极高的忠诚"或是执行了"重要任务"的美国陆军士兵。

1942年，美国的富兰克林·D.罗斯福总统颁发第9277号总统命令，将紫心勋章的授勋范围扩大至所有部队，以及在军队工作的普通平民，如红十字会的工作人员或战地记者等。这道命令结束了紫心勋章作为战斗伤员专用勋章的历史，但早期的获勋者也可以将紫心勋章换为功勋勋章（The Legion of Merit）等其他表彰杰出战斗行为的勋章。

为了纪念紫心勋章的创立者——乔治·华盛顿总统，他的侧面像被印在紫心勋章上。华盛顿总统的肖像被提前印制在心形金属上，上面系着白边的紫色缎带。当时涌现出大量新设计的勋章，陆军和空军的徽章上有橡树叶子，海军的徽章上有一枚金色星子。

获得紫心勋章须满足两个条件：一是必须是在对敌作战中负伤；二是负伤之后去医务部治疗并留下了诊疗记录。许多原本符合获勋条件的士兵因为拒绝治疗和撤出战场而没有留下相应的医疗记录，因此不算"正式"负伤。第二次世界大战以来，许多老兵为此都颇为苦恼，因为这和他们的待遇以及伤残赔偿直接挂钩。

上　图：五名刚获得了紫心勋章的海军陆战队员，从左往右依次是：乔治·梅斯中校、詹姆斯·W.小鲍威尔下士、亚瑟·约翰·马登下士、杰克·沃伦斯下士，以及克利福德·海因森下士。图片中的另外两人是一等兵詹姆斯·B.拉特里奇以及塞缪尔·博伊德，他们也被授予了紫心勋章

下页图：紫心勋章

54 划艇

第二次世界大战当中，罗杰·考尼特中尉于1940年6月在苏格兰成立了英国第一支划艇部队。折叠划艇部被命名为特别舟艇分队，隶属于新成立的驻苏格兰第八突击队。早期的折叠划艇都以木材为框架，上面覆盖帆布，主要是供市民在湖泊或河流上运动之用，并不适合在远海航行。船上没有任何导航设施，没有船篷，船首和船尾也没有浮袋；后来的划艇上有的设备它一概全无。

刚开始的时候，将折叠船或是划艇作为武器的想法并没有引起高级官员的重视。1940年末，考尼特被派往地中海，那里的战斗经验表明，划艇是执行侦察任务、破袭战或者其他特殊任务的不二法宝。划艇由潜艇载至目标附近。潜艇浮出海面之后，将划艇从鱼雷装填口提升至潜艇耐压壳上。划艇可以从潜艇侧旁入水；海面条件允许的情况下，即便划艇仍在潜艇顶部的外壳上，船员也可以开始驾驶船只，潜艇缓慢沉入水中，载着船员的划艇则划向远处。完成任务之后，划艇划行一定距离，到达指定方位。船员潜入水中，捞起一个遗留在此的、酷似老式咖啡研磨机的设备，其顶部有一个"当当把手"。转动把手，设备就会发出哗啦啦的声响，19千米范围之内的潜艇凭借水中测音器检测到该声音之后，便会寻踪而来，浮出水面，接走划艇。

1942年11月8日至16日期间，盟军展开"火炬行动"（Operation Torch），进攻北非。在此之前，美国的马克·克拉克少将在10月21日乘坐划艇到达阿尔及利亚海岸。划艇搭载着克拉克及其部下，以及来自英国第二特别舟艇分队的护卫队，从"六翼天使"号（Seraph）潜艇入水。当时法国仍然保持中立，克拉克的任务就是去确定法国是否会抵抗盟军进入北非。拜访结束后，卡拉克于当天夜里重新回到等候在外的"六翼天使"号潜艇。这个过程不可谓不艰难，因为克拉克及其下属都不熟悉如何在黑夜里迎着海浪划船。

对页图：第二次世界大战中，英国军队使用的划艇型号多样，图片中的这款MI划艇可搭载3人，船上的舷外支架可安装4马力的两冲程可收缩引擎，以及斜挂大三角帆。装备了发动机的划艇航程可达145千米，时速为10千米。如果任务要求携带较多物资，船员就会减至2人

上 图：装备了舷外支架和斜挂大三角帆的双人划艇

几天之后，亨利·吉罗将军被特别舟艇分队派来的划艇从法国南部接走。他要在火炬行动结束之后尽快赶往北非赴任，掌管北非战场上所有的法国军队。

划艇最突出的战斗表现是在1942年12月7日。一支代号为"皇家海军汽油分遣队"（Royal Marine Boom Petrol Detachment）的特种部队在金发少将赫伯特·乔治·哈斯勒的带领下，从"金枪鱼"号潜艇入水，下水的地方是吉伦特河河口。5条划艇从那里出发，沿河而上，划行110千米水路到达法国波尔多。航行过程中，2艘划艇被浪花打翻，不知去向；另有1艘失踪，剩余的2艘划艇昼伏夜行，终于在3日之后到达波尔多的码头，并将水下爆破弹安放在6艘舰只下面。随后，他们离开码头前往西班牙。炸弹不久之后便爆炸了。只有2人成功到达西班牙，另外2人被敌军俘虏后枪杀。

远东战场上，划艇经常参与侦察和破袭任务，其中最为轰动的一次当属1943年9月26日的"杰维克行动"（Operation Jaywick）。一支来自澳大利亚的部队用水下爆破弹炸沉了新加坡港口内的7艘舰艇。新加坡当时在日军占领区内约1 925千米的地方。4条划艇及其支援部队由缴获的日本渔船"金环蛇"号（Krait）运送至新加坡外的小岛上，它们随后从岛上出发，给敌军的舰只装上水下爆破弹。之后，"金环蛇"号载着划艇小队返回。这次破袭战航程之远、条件之艰难，在历史上留下了浓墨重彩的一笔。

55 神风特攻队

蒙古军队分别于1274年和1281年进行了两次对日东征,但都因为海上突如其来的台风而以失败告终,日本人据此认为这是"神风"。第二次世界大战的太平洋战争(1941年12月7日—1945年8月12日)中,日本用"神风"来命名其自杀式飞机,飞行员驾驶飞机故意撞击目标,试图与对手玉石俱焚。

到1944年10月,日本自1941年12月以来拥有的空中优势一去不复返。日本在战争中损失了许多经验丰富的飞行员,与此同时,美国生产的飞机完胜曾经独霸天空的零式舰载战斗机。1942年6月4日中午,日本军队在一天之内损失了培训学校一年才能培训出的飞行员。美国海军势不可当地穿过太平洋,即将到达日本本土,他们身后还有美国强大的工业体系为支撑。面对这种情况,日本军队不得不出此下策,启用神风特攻队。

战争初期,也有日本飞行员故意驾驶飞机撞向盟军舰只的情况;但海军中将大西泷治郎在1944年10月19日正式提出成立神风特攻队的建议,用来对付协助盟军登陆菲律宾莱特岛的美国航母。他的建议受到热烈追捧和积极采纳。指挥官玉井浅一从他培训的飞行员学生中挑选了一批志愿者,成立了第一支特攻队,关行男中尉则被任命为队长。1944年10月21日,神风特攻队在菲律宾战役中发起第一次自杀式进攻,在莱特湾袭击了澳大利亚航母"澳大利亚"号,使航母上的舰长、7名官员以及23名水手遇难,附近的桥梁和上层建筑中有61人受伤。但这次进行特攻的不是特攻队,而是一架日本陆军航空兵装备的三菱公司生产的飞机;特攻队则隶属于日本海军航空兵,他们使用零式舰载战斗机。

特攻队在1944年10月25日对5艘护卫舰发起自杀式袭击,但只重创其中一艘,使其炸弹舱爆炸,最终沉没大海。随后的自杀式袭击总共出动了55架飞机,成功率也比之前高,一共击中了7艘航母,以及40艘其他舰艇;其中有5艘舰艇被击沉,35艘舰艇受损,其中23艘受损严重。

神风自杀式袭击的对象不仅仅是舰只。美国陆军航空兵用B-29战斗机对日本本土进行战略轰炸时,日本帝国陆军航空兵成立了"神典特别部队"(Shinten Special Unit),以保卫东京。他们驾驶中岛Ki-44"钟馗"二式单座战斗机拦截并撞击美国的B-29轰炸机。"钟馗"装备了重型和中型加农炮,是一款非常强大的拦截机。但是撞击速度快、机动性强的目标,比如B-29,比撞击舰只要困难得多。此外,B-29轰炸机装备了12.7毫米和20毫米口径的机炮,是"钟馗"的可怕敌手。要想成功撞击B-29,飞行员的飞行技术必须过硬。而另一方面,神风自杀式袭击多由经过简单训练的初级学员完成。对神风特攻队而言,撞击盟军的舰艇是笔更加划算的买卖,所以直到太平洋战争的最后一天都没有停止。

1945年4月,神风特攻队的自杀式袭击在保卫冲绳县的战斗中表现最为突出,大规模的自杀式袭击共击沉了36艘舰艇和登陆舰,并使368艘舰艇受损。据估计,光在这几次战斗中,日本就牺牲了将近1 500名飞行员。航空母舰是神风特攻队的首要攻击目标,袭击中虽然有数艘航母严重受损,但并没有航母被击沉。美国的航空母舰采用木质甲板,极易在自杀式袭击中受损,1945年5月11日,美国"邦克山"号航母遭遇日军的自杀式袭击,389人死亡;英国皇家海军6艘装备了装甲甲板的航母遭遇了各种袭击,但总死亡人数都低于389人。太平洋战争中,英国皇家海军的5艘航母一共遭遇了8次神风特攻队的自杀式袭击,总共有20名水手死亡。遭遇自杀式袭击的美国航母需要耗费很长的时间在港口内进行大规模维修;英国航母则使用装甲甲板,用其中一艘航母上的英国海军军官的话来说,遭遇自杀式袭击的英国航母只需要"用扫帚打扫一下甲板"而已。事实也的确如此,他们只需要把自杀式飞机的残骸略作清理便可继续航行。

对页图：太平洋战场的瓜达尔卡纳尔岛战役（1942年8月7日—1943年2月9日）中，一架在圣克鲁兹岛攻击美国"大黄蜂"号航母的神风自杀式飞机被击落

上　图：神风特攻队队员。他们身上的丝带表明，他们即将踏上一次不归之旅

上　图：执行自杀式袭击任务的零式舰载战斗机被美军的防空炮击中，即将坠入大海

下页图：1945年5月11日，进攻瓜达尔卡纳尔岛的美国"邦克山"号航母被两架执行自杀式攻击的零式舰载战斗机击中之后，燃起熊熊大火

56 青霉素

战争的矛盾之一就在于它常常带来技术领域和医学领域的重大发展，这对人类而言，有着非凡的意义；有时候对动物来说也是如此。第二次世界大战中，青霉素的研发就是一个显著的例子。截至20世纪40年代初，伤口和疾病导致的细菌感染通常用磺胺类药物进行治疗。这种药物对有些情况适用，但遇到链球菌感染时就不起作用了。人们因此开始以微生物相克的原理为基础，研制新药物。1939年，牛津大学病理学学院的威廉·弗洛里教授和恩斯特·柴恩（来自纳粹德国的犹太难民）开始研究各种有机物的抗菌成分，他们的研究对象中就包括特异青霉素——早在10年之前，亚历山大·弗莱明就发现了特异青霉素。

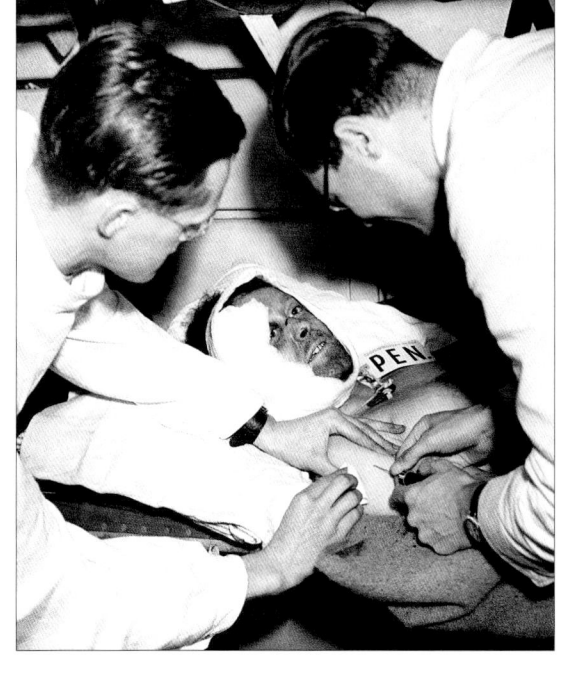

作为英国皇家陆军医疗部队的一名上尉，弗莱明见惯了生死，第一次世界大战当中，有许多士兵都死于伤口感染。弗莱明认为，抗菌剂对人体免疫力的破坏能力远胜于其对细菌的破坏能力，伤口较深时尤其如此。战争过后，他回到伦敦的圣玛丽医院；1928年，他在那里成为细菌学领域的教授。他后来回忆，就是在圣玛丽医院，他意外发现了抗菌素。假期结束后，重返工作的弗莱明发现，工作台上的葡萄状培养菌当中，有一种培养菌被细菌污染，里面的葡萄状球菌被杀死。他认定这种霉菌来自青霉菌属。开始的时候他将其命名为"霉汁"；1929年3月7日，他将其重新命名为"青霉素"。同年，弗莱明将自己的发现发表出来，却反响寥寥。

1940年5月，弗洛里、柴恩和他们的助手就青霉素对链球菌感染的疗效展开实验，结果令人欣喜，所以他们展开了临床试验。临床试验的结果表明，即便是最严重的细菌感染，青霉素也可以将其治好，且没有严重的副作用。不幸的是，实验室能够生产的青霉素数量非常少，而治疗败血症大约就需要660升这种微生物。要实现青霉素的大规模生产，唯一的方式就是工业生产，但当时英国的工业正在紧张地生产战争用药。幸运的是，在洛克菲勒基金的帮助下，青霉素终于在美国找到了合适的生产商。到1942年，青霉素已经在美国实现了大规模生产；1943年，青霉素在北非的野外条件下首次投入使用。

随着二战的推进，青霉素的应用对野外手术有着重要的意义。在部分战区，由于地形（如缅甸）和距离，或者是战争的进度（如北非）等限制因素，只有在伤员转移至后方医院之后才能给他们动手术。在缅甸，转移伤员使用轻型飞机。如遇到恶劣天气或者敌军袭击，则可能会延期转移。这种情况下，就必须对伤员进行必要的手术，以便他能坚持住漫长的转移之旅，撑到后方医院。抗生素使伤口免于细菌感染，使伤员能够在等待撤离和撤离的过程中坚持住。

亚历山大·弗莱明和霍华德·弗洛里在1945年被授予诺贝尔生理学或医学奖，他们与恩斯特·柴恩分享该奖项。

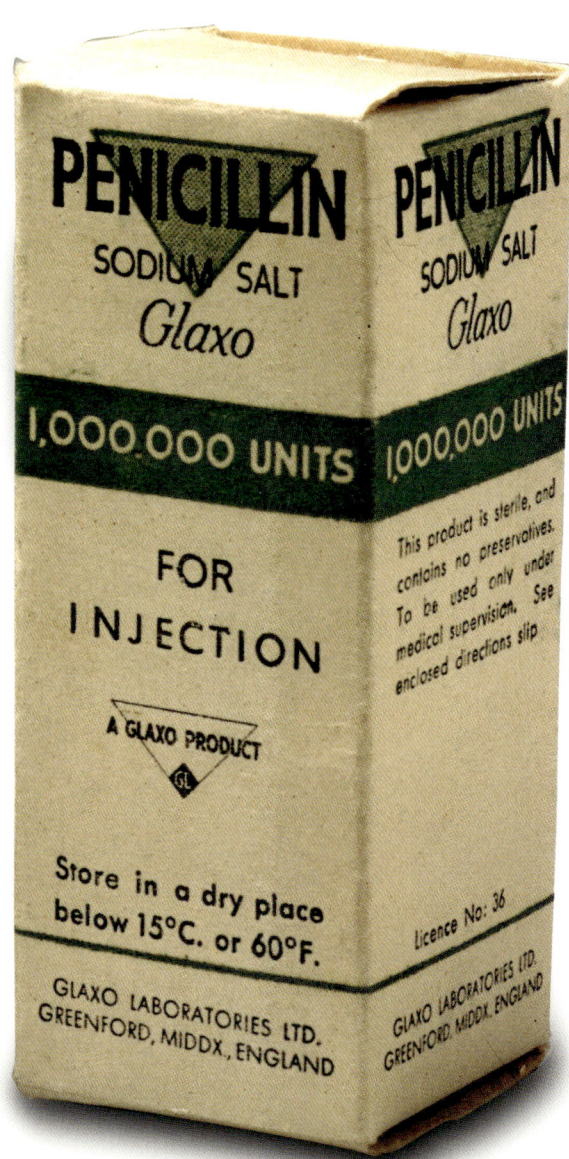

对页图：向医院转移的火车上，医护人员给士兵注射青霉素。他身上的"青霉素"标签是为了防止注射过量

上　图：青霉素药瓶和安瓿

57 深水炸弹

潜艇武器的目标在于刺裂或穿透潜艇的耐压壳体，从而使海水涌入并最终导致潜艇沉没。第二次世界大战爆发时，英国使用的反潜艇武器是深水炸弹——实际上，当时大部分国家的海军都在使用深水炸弹——该武器自第一次世界大战以来，几乎没有任何改变。深水炸弹主要由金属筒构成，里面装有重约90至136千克的烈性炸药，较小的深水炸弹一般用小型汽油艇来运载。两种炸弹都由流体静力学设备在预先设定好的深度引爆。英国使用的Mk VII深水炸弹最大的引爆深度可达到260米，有效杀伤范围为9米。

通常而言，进攻的舰艇一次会投下5枚深水炸弹，它们之间的间距在36到55米之间。其中3枚从舰尾的斜道入水，剩余2枚则会从船舷两侧用发射器投入水中。这样做的目的在于从纵深两个方面包围潜艇。要从深度方面包围潜艇，每一枚深水炸弹的引爆深度必须不同；此外，也可以交替使用轻型深水炸弹和下沉速度更快的重型深水炸弹。

带有翼片的深水炸弹和传统炸弹一样，可以从飞机上投放。战争刚开始的那几年，深水炸弹的引爆深度必须在飞机起飞前就设置好；如果用静水压力引信在水底引爆炸弹时，潜艇刚好在水面或水面附近，那深水炸弹的效果几乎可以忽略不计。将深水炸弹装上浅水引信，这个难题就迎刃而解了。飞机上会装载两种深水炸弹，并根据不同的任务选择合适的炸弹。

舰尾入水的深水炸弹有一个不足之处：炸弹上的潜艇探测器（又称"声呐"）在靠近目标的最后180米之间会与潜艇失去联系。这180米远的距离被称为"聋子时间"（deaf time），和炸弹必需的下沉时间加起来，就使潜艇有机可乘，能够躲避起来，或远离爆炸区域，以降低爆炸带来的伤害。尽管如此，即使爆炸点比较远，未能穿透耐压壳体，也会对潜艇造成一定损害，威吓其船员，并使潜艇保持在潜望深度之下，不能进行反攻。

舰首投射深弹系统极好地解决了"聋子时间"的难题。首个服役的此类系统代号为"刺猬"，它由24枚轻型迫击炮弹组成，分布在6排插杆上面，这就是"刺猬"的组装原理以及名字来源。每根插杆都轻微倾斜，以使炮弹发射时能够形成圆形的弹幕，其直径能达到40米。刺猬弹投射于负责执行攻击任务舰艇之前，以使目标潜艇一直处在舰艇的监测范围之内。刺猬弹的不足之处在于：只有与目标发生接触才能爆炸。所以，如果所有的炸弹都没有击中目标的话，就不会有爆炸声传来。而其他深水炸弹即便没有击中目标，也会传来巨大的爆炸声，这对鼓舞士气来说非常重要。

1943年末，一种改良型的舰首投射深弹武器出现了，它是一种三筒迫击炮，绰号"乌贼"。乌贼通常成对安装在舰艇的上部结构之后，入水时携带90千克重的改良型迈纳尔II型炸药。炸弹在船体上部结构的上方划出一道高高的弧线，然后落入海中。其下沉速度是普通深水炸弹的3倍，爆炸深度由改进型的潜艇探测器提前设定，两个爆炸深度之间相隔18米。普通深水炸弹成功击杀潜艇的概率为6%，刺猬弹为20%，乌贼在前辈的基础上大为进步，达到50%。

上　图：安放在发射器上面的深水炸弹
下页图：一位水手正要发射深水炸弹

58 C口粮和K口粮

身处战斗前线的美国士兵没有新鲜的食物，也没有大厨，所以不得不依靠野战口粮来补充能量，保持健康的体魄。野战口粮分为两类：C口粮和K口粮。美国陆军在第一次世界大战中的经验明确地证明了纯净水和食物能够缓解疲劳、减少肠胃疾病，并有缓解恐慌的作用。正如拿破仑所注意到的那样，军队依靠他们的胃来生存和战斗。更准确地说，他们每天要食用含3 000～4 000卡路里热量的食物。

美国陆军面临的挑战在于，要生产一种便于携带，在雨、雪、极热、极冷、黑暗、敌军的炮火等不利情况下都能食用的口粮。这种口粮必须方便携带，且无须加热即可食用。适用于单人野战情况的C口粮装在纸板箱里，里面有三个小罐头，以及三把塑料勺子。装备完善的美国大兵随身携带开罐器，这一工具通常挂在他的身份识别链上。

第一种罐头里装有肉类和蔬菜，共有10种不同的口味（最受欢迎的是猪肉配豆子，或是法兰克福香肠配豆子；火腿和青豆即便经过加热也难以下咽）。第二种罐头颇受士兵青睐，里面装着蜜桃等水果和苹果酱。第三种罐头里面装着咖啡粉、果汁粉或是可可粉，以及糖和口香糖。第四种罐子里面装着涂满奶酪或花生酱的点心或是苏打饼，再或者是水果蛋糕或者磅饼。每份口粮能

提供1 000～1 800卡路里的热量。口粮里还配有厕纸，数量时多时少。美国大兵将口粮里配备的厕纸和香烟放在头盔的衬垫里，将它们存起来。

有防水包装的K口粮是C口粮的简化版，分量也较轻。打开绿色防水箱，里面只有一份孤零零的口粮，上面的标签写着"早餐""午餐"或者是"晚餐"——这些词汇显然是夸大之语。早餐口粮里面有一根水果条，有加糖的咖啡粉、苏打饼，以及一个鸡蛋火腿罐头。午餐和晚餐里面则是奶酪和苏打饼，或者一个肉罐头，还有汤粉、果汁粉、糖、巧克力棒、口香糖，以及其他物品。

将装口粮的罐子改造成通风的临时火炉，或者是简简单单一锅热水，都可以将食物加热，并能显著改善其口味。C-4塑性炸药是引火的好帮手，但是到了战争后期，口粮里供应了无烟的加热器，美国士兵自己还携带了辣酱等调料。如果能够加热，放些奶酪在蔬菜和肉里会十分美味。C口粮和K口粮当然比不上妈妈做的苹果馅饼，光吃这些口粮会使人清瘦。

第二次世界大战中，美国陆军是吃得最好的部队。美国陆军在诺曼底登陆后的90天之内，70%的部队就吃上了备好的热腾腾的饭菜。而同一时段，法国的C口粮和K口粮的供应量则达到6 000万份。除了美国士兵，被解放的欧洲居民也食用C口粮和K口粮。

对页图：美国陆军中尉理查德·K.琼斯于冲绳县废弃墓穴里找到的日本儿童分享自己的口粮，照片摄于1945年5月31日

上　图：美国陆军士兵的口粮盒子。照片中有一个K口粮的早餐盒、一个K口粮的午餐盒、一个K口粮的晚餐盒，除此之外，还有两个早餐罐头以及一盒饼干

59 桂河大桥

现实中的桂河大桥和电影《桂河大桥》中的桥梁没有任何相似之处，但影片中反映的野蛮修筑条件却是历史上真实存在的，桥梁建筑工当中有部分是被日军俘虏的英国士兵。除此之外，电影中桥梁的建筑方式、外观以及位置都是虚构的。

实际上，1943年泰国美功河（20世纪60年代更名为桂亚河）上一共修建了两座桥梁——一座临时性的木质桥，以及几月之后修建的一座钢筋混凝土桥梁。日本军队当时正在缅甸作战，为了从新加坡运输物资，日本修建了连通泰国侬普拉杜克（Nong Pladuk）和缅甸丹彪扎亚的铁路，这两座桥梁就是其中一段。日本迅速征服东南亚，但其船只严重不足，运力无法覆盖东南亚辽阔的区域。与此同时，仰光的海路保障在面对英国潜艇和英美飞机的进攻时，显得不堪一击。

修筑这条铁路在工程界是个令人生畏的壮举。铁路必须穿过420千米长的丛林，里面山峦密布，疾病横生：瘴气、登革热、痢疾、霍乱、丛林溃疡都是在里面生活和工作的人要面对的健康威胁。修筑铁路的第一步开始于1942年7月，当时，3 000名盟军战俘从新加坡樟宜机场被运往此地，为日本修建大本营。为了修筑铁路和桥梁，日军征发了61 000名澳大利亚、英国以及荷兰战俘。除此之外，日本军队还使用诱骗（更多时候为强迫）的手段强征了27万名劳工替他们修筑铁路，这些劳工来自缅甸、半岛马来西亚、泰国以及荷兰东印度殖民地，他们被遗忘在历史的角落里。日本军队将战俘和劳工的性命视为草芥。少得可怜的食物、医疗用品不足、严苛的工作环境以及生活条件，还有数不清的传染病，使劳工和战俘的死亡率极高。尽管相关数字众说纷纭，但是据可靠估计，大约有12 000名盟军战俘以及90 000名劳工死亡。当时负责这项工程的工程师在对战俘进行演讲时所说的一段话表明了日本的态度，"你们就是一堆碎石，我们要用你们的身躯修筑成这条铁路"。后来被解救的战俘詹姆斯·诺布尔在进行演讲时引用了他的这段话。

1945年2—4月，驻扎在印度境内的英国皇家海军（RAF）和美国陆军航空军（USAAF）扮演起解放者的角色，他们针对这条铁路和两座桥梁发起一系列进攻，导致桥梁部分被毁。战争进入尾声时，两座桥梁都进行了修复，但是铁路的运输量始终没有达到日本人的预期。之后，木桥被拆除，但是钢筋混凝土的桥梁至今仍在使用。

拍摄于1957年的电影《桂河大桥》没能全面反映战俘面临的残酷条件和折磨，并且完全忽略了当地劳工在当中的角色。电影中，亚历克·吉尼斯扮演的英国高级军官与日军勾结，但是现实中的英军将领菲利普·图西上校不会这样做。事实上，他尽了最大努力拖延桥梁的建筑进度，包括收集大量白蚁，用来咬坏木桥结构；鼓励破坏行动，如搅拌不合格的混凝土等。电影不仅歪曲了事实，还将日本描绘成技术极度落后的模样，认为他们没有英国的工程技术就无法建筑桥梁。

对页图：美功河上的在建桥梁手绘图　　　　　　　　上　图：桂亚河上的现代桥梁

60 弹射飞机商船

20世纪40年代末期，弹射飞机商船（CAM ships）问世，其设计初衷是解决在陆基战斗机保护范围之外的护航队所面临的两大威胁。威胁之一是福克·沃尔夫公司生产的"秃鹰"（Condor）远程飞机，它从法国占领区和挪威境内的基地出发，可以对远在冰岛西部大西洋上的商船队进行轰炸。威胁之二在于，秃鹰可以向卡尔·邓尼茨海军上将报告商船队的位置、航向以及航速，邓尼茨的指挥部掌控了所有U型潜艇，所以能够将潜艇引导至商船队的航线上。此时，英国皇家海军还没有足够的航空母舰，为船队提供空中掩护。

1940年12月，第一艘战斗机弹射船，皇家海军舰艇的"珀加索斯"号开始执行护航任务。"珀加索斯"号是一艘经过改装的一战水上飞机母舰，舰上装备了三架"海燕"战斗机。"珀加索斯"号后面还跟着另外三艘战斗机弹射船，分别是"回弹"号、"马普林"号和"阿古尔尼"号，它们都是由商船改装而来，每艘各装载了一架战斗机。1941年8月3日，埃弗雷特·RNVR中尉驾驶飓风式战斗机从"马普林"号上起飞，在距离西班牙海岸640千米的地方击落了一架秃鹰飞机。成功出击之后，埃弗雷特中尉在海面迫降，并在沉没之前被解救。

同年4月，有50艘商船装备了飞机弹射器，这就是所谓的"弹射飞机商船"，它们于当年夏天下水服役。跟战斗机弹射船不一样，弹射飞机商船一直保持商船的身份，高挂红色米字旗。除了飞行员和地勤是从英国皇家空军战斗机司令部借调而来，其余人员都是商船上的水手，船上还载着货物。弹射飞机商船上的飞机是霍克公司生产的飓风式Mk I飞机，后来被改为海飓风式Mk IA。弹射飞机商船不能像航空母舰一样重新接收降落的飞机，飞机进行一次出击之后，就要进行海上迫降，除非附近有己方或友方的机场。飞行员都是志愿者，他们加入商船战斗机队，听从皇家空军E.S.莫尔顿·巴里特中校的号令。每个小组都有一名飞行员，航程较远时则有两名飞行员，另有一名钳工、一名装配工、一名无线电操作员、一名飞行甲板军官，以及一名负责保养和操作飞机弹射器的皇家海军鱼雷兵或电工。

飓风式轰炸机只有发现敌军飞机，才会出动。飞机弹射器以火箭为弹射动力。飞行员勇气可嘉，因为飞机一旦起飞，返回船上的唯一方法就是张开降落伞跳入

海中或在海上迫降之后等待船只救援。北大西洋的海水即便是在夏天也冰凉刺骨，在冬季，北极圈内的海水可以在数分钟之内让人丧命。1941年11月到1943年7月之间，弹射飞机商船进行了九次战斗起飞，并以八架飓风式轰炸机的损耗和一名飞行员的性命为代价，击落了八架德国飞机，另有一架德国飞机受损。

1941年6月，英国建造出第一艘护航航空母舰，航母由一艘虏获的德国粮谷船"汉诺威"号改造而来，后来更名为"无畏"号。"无畏"号像真正的航母一样，装备了平直甲板，并且配备了6架专门为航母作战而设计的格鲁曼F4F野猫战斗机。同年11月，美国的"射手"号航母完工。随着更多的护航航空母舰相继面世，弹射飞机商船逐渐退出大西洋和北极的护航行动。另有16艘弹射飞机商船继续在地中海和弗里敦护航，直到1943年9月才退出战场。到战争末期，英国皇家海军共有44艘不同级别的护航航空母舰和19艘商船航空母舰。这些商船航母都是装备了平直甲板的散装货船，船上飘扬着红色米字旗。在扭转海上战局方面，它们功不可没；驾驶飓风式轰炸机从弹射飞机商船上起飞的飞行员在战争初期的表现至关重要，他们的勇气令人钦佩。

对页图：英国弹射飞机商船"帝国达尔文"号上拍摄的飓风式轰炸机尾部图，轰炸机当时正架在飞机弹射器上

上　图：停泊在格陵诺克（格拉斯哥附近）的一艘弹射飞机商船上，一位飞行员正要进入飞机里面。这是一幅宣传照片，要想成功起飞，船只必须迎风行驶，所以在抛锚的船只上起飞是不可能的事

61 大西洋壁垒

截至1941年末，德国在法国布伦港至加来的海岸防御工事上，一共修建了七座重型海岸炮台，用来炮击英国并以此作为"海狮计划"（Operation Sealion，德国入侵英国本土的计划）的铺垫。除此之外，新建筑的U型潜艇基地还配备有保护它的海岸炮台。

随着海狮计划的搁浅，希特勒命令军需部部长弗里茨·托德博士继续建设U型潜艇基地，并在法国大西洋沿岸——尤其是布雷斯特、洛里昂、圣那泽尔等地——建筑防御工事。18个月之后，新修的防御工事屹立在大地上；1942年9月，希特勒又下令沿着法国海岸线建造一条类似于德法边境的齐格菲防线（Siegfried Line）的防御工事。新建的壁垒包括15 000个钢筋混凝土永备工事，由30万人驻守。部分永备工事由希特勒亲自设计，每个工事内都装配了机枪和防空武器，驻守人数30至70人不等。其设计初衷就是承受来自空中和海上的轰炸，工事之间的空白地带都被工事内的交叉火力完全覆盖。U型潜艇基地的防御首先被加强，其次是适合盟军登陆的港口，最后是那些适合两栖登陆作战的海滩。大西洋壁垒还会延长，以覆盖荷兰和比利时的海岸。

托德博士于1942年2月8日在一起坠机事故中身亡。之后，阿尔伯特·斯皮尔接手他的工作，成为这项工程的主管。尽管德军最高统帅部坚信，加来海峡是盟军最有可能登陆的地方，但希特勒却下令将大西洋壁垒上包括V-1火箭发射点在内的区域作为重点保护对象。即便是大西洋壁垒中最强大的区域也从未成为希特勒预想中的坚固要塞，他自己从未视察过大西洋壁垒。

希特勒命令西线战场的德军部队在遭到攻击时优先守住大西洋壁垒，陆军元帅埃尔温·隆美尔也持同样观点。当时，陆军元帅卡尔·鲁道夫·格尔德·冯·伦德施泰特全面负责阻止盟军登陆，隆美尔则在他的指挥下，负责初始阶段。

登陆日（1944年6月6日）前夕，混凝土永备工事中共有73门大口径火炮，盟军可能登陆的沙滩上遍布地雷及其他障碍物。1943年末，冯·伦德斯泰特与隆美尔在战略上发生了巨大分歧。他下令在距离大西洋壁垒不远的内陆地区修建了第二道防线，以加强大西洋壁垒的防御纵深。此外，在他的命令下，滑翔机所有可能的着陆区内都安插了木桩。但1944年4月，隆美尔下令停止建设第二道防线，集中力量进行海岸防御。尽管如此，隆美尔最初计划在整片海岸上埋设大约5 000万颗地雷，以形成连续的雷区，但是在登陆日来临时只完成了500万枚地雷的埋设工作。其他类似的小型防御工事也尚未完工，科唐坦半岛东海岸的情况尤甚。试举一例，第三五二师负责驻守的区域（能够俯瞰犹他海滩）中，只有15%的阵地具有防空能力。希特勒延迟了工程的开建，劳工不足，钢铁缺乏，种种因素使大西洋壁垒自始至终都没有完工，这也是盟军在登陆日能够取得成功的重要原因。

一支盟军部队曾两次进攻大西洋壁垒，它就是英国皇家海军陆战队第四特别任务旅。1944年6月6日他们在诺曼底登陆，同年11月1日，他们又袭击了斯卡尔特河河口的瓦尔赫伦岛，并在行动中夺得了多处海岸炮台。

下页图（上）：格里内角附近的托德炮台上，一门四联装380毫米口径火炮。大西洋壁垒上的这一段从未遭到盟军攻击

下页图（下）：大西洋壁垒在建的一部分

62 自由轮

第二次世界大战当中，盟军能够取得胜利，美国功不可没：它组织了一支商船队伍，越过大洋向前线盟军运输人员、战争物资、食物以及石油等稀缺资源。1941年，温斯顿·丘吉尔在写给美国总统罗斯福的信中说道："曾是你们藏身之地的大海，即将成为囚禁你们的牢笼……"自由轮是载重量为14 000吨的货轮，它在挣脱海洋牢笼的过程中扮演了重要角色。

1940年沉没的商船船队表明，德国的U型潜艇似在发出威胁，要使美国对英国的援助功亏一篑。在此背景下，美国海事委员会（The US Maritime Commission）接受了一项艰巨的任务：建造一种能够在短时间内大量生产的简易货轮。1940年12月，罗斯福总统向海事委员会拨付了3 650万美元紧急资金，让他们研制一种在紧急情况下使用的通用货轮。1941年2月，美国国会又额外拨付了一笔资金给海事委员会，用来建造200艘特别商船，这种商船被命名为"自由轮"。到第二次世界大战结束之前，海事委员会已经建造并下水了2 710艘自由轮。这个生产"紧急货运"轮船的项目在1943年时达到高峰，当年新建造的商船吨位达到1 850万吨，其中有1 300万吨都是自由轮。至此，形势已经十分明朗：美国船只的建造速度已经超过了U型潜艇将其击沉的速度。

自由轮项目进展缓慢（1941年仅有7艘船只服役），海事委员会意识到，如果他们仍按照老办法生产自由轮，就无法实现1943年的生产目标（1 900万吨）。首先，海事委员会必须给107家新的造船厂提供资金，鼓励主要承包商进行生产创新——它的生产商主要是圣弗朗西斯科湾地区亨利·J.凯泽工业区的六家公司。对建造速度的要求使得制造自由轮的过程发生根本性的改变，但使用先进技术并非其中之关键；相反，自由轮的设计非常"复古"。提高建造速度的关键在于改变生产过程：1941年，生产一艘自由轮需要355天时间，但到了1943年，造船商能够在56天的时间内生产出一艘自由轮。耗时降低的因素如下：同一时间生产不同的部件；各部件之间先进行铆接，再使用焊接技术；熟练而训练有素的工人；良好管理带来的诱人利润。但该项目最根本的限制在于钢铁供应量不足。

自由轮项目本身也存在弱点。船只航行速度非常慢，时速仅有20.4千米（11节），所以它们是护航队伍中最佳攻击目标，自由轮的航行速度比其中速度最慢的船只还要慢上几分。此外，自由轮使用了十分落后的吊杆绞盘系统，所以它的装货卸货速度都很缓慢。虽然凯泽公司生产的自由轮十分廉价，但其他公司生产的自由轮并非如此。

为了鼓励造船商提高生产速度，海事委员会采用了不投标的成本加成合同，一些利欲熏心的经理人为了提高公司利润和自身的工资，钻了合同的漏洞。国会在1944年展开一项调查，揭露了自由轮项目中大量欺诈和管理不善问题，令人十分震惊。这严重威胁到整个自由轮项目，但当时船只紧缺的危机已经过去，海事委员会因此得以取消部分合同。1944年，自由轮的产量降至700万吨，到1945年则降到了150万吨。

整个战争过程中，美国海事委员会一共输送了4 500万吨新船舶，其中约3 000万吨都是自由轮。

对页图：1943年，一艘自由轮在服役之前进行组装

上　图：伯利恒·费尔菲尔德船厂有限公司制造的一艘自由轮搁浅了，图片中是它的船首部分

63 弹跳炸弹

跳炸弹的设计者巴恩斯·沃利斯博士是维克斯公司的首席设计师，早在20世纪30年代，他在飞机设计领域就已经声名赫赫。第二次世界大战爆发时，他开始设计大型炸弹，用来轰炸建筑物及其他大型结构物。当时，英国皇家空军和其他空军部队更青睐投掷大量小型炸弹，而非一枚大型炸弹。在研发大型炸弹的过程当中，沃利斯又着手设计一款能够攻击水坝的炸弹。当时，德国鲁尔地区的居民和军工厂都靠水坝提供水源，那里的水坝主要包括：埃德尔水坝、慕恩水坝、索佩水坝、恩内珀水坝、施韦尔姆水坝以及迪莫尔水坝。1940年，沃利斯设计出第一款溃堤炸弹，但却过于沉重，当时任何一架服役的飞机，即便是正在设计当中的飞机也无法装载这种炸弹。沃利斯意识到，如果能将重达2 720千克的炸弹准确投掷在坝墙边，爆炸效果会因为水的力量而加倍，并且能够在慕恩水坝34米厚的坝墙上炸出一个洞来，就算是更加厚实的埃德尔水坝也无法幸免。兰开斯特轰炸机能够运载大型炸弹，但问题在于如何将炸弹准确投掷在正确的地点。这个问题促使沃利斯设计了一款桶状炸弹（实际上是水雷或者深水炸弹），这种炸弹就像打水漂用的石头一样，能在水面反弹。投弹之前，炸弹在机械装置的作用下开始旋转，如此一来，炸弹触碰到坝墙时就会滚下来，落入水中；沉降至预设深度时，静压引信就会引爆炸弹。投弹对飞机的高度、速度以及距离坝墙的远近都有严格要求，其中的关键角色——炸弹——的设计初衷是对付混凝土坝墙，而非索佩水坝的土坝墙。

跟大众的想法相反，沃利斯不是唯一针对水坝进行研究和设计的人。自1938年开始，轰炸鲁尔山谷的水坝就已经列在了英国皇家空军的目标清单上，但这项提议在1943年初提交给轰炸机司令部最高司令官，空军上将亚瑟·哈里斯爵士时被否定了，他说道：

> 这不过是些狂妄的废话。由于存在太多的"可能"和"但是"，它成功运作的可能性几乎为零。①

尽管如此，哈里斯最终还是被说服了，巴恩斯·沃利斯的口才似乎是其中的关键因素。战场中是否使用了弹跳炸弹仍然存在争议，因为既然它已经存在，那么理论上说，它就应该在战场上出现。"我们有弹跳炸弹，那就使用它。"

第六一七特别轰炸机中队在皇家空军盖伊·吉布森中校的指挥下成立了。他们在夜间进行水上低空飞行，并为此付出了惨重代价：在一次演习中，12架飞机有6架受损。1943年5月16、17日夜间进行的袭击摧毁了慕恩水坝和埃德尔水坝，这也成为研究英国皇家空军战略轰炸战役的官方历史学家口中的一段传奇佳话。这位历史学家自己就是轰炸机司令部的导航员，他声称，"（轰炸慕恩水坝和埃德尔水坝）是所有空军部队最出色的一次战绩"，人们对这一结论毫无异议。②不幸的是，这次战役中的重大损失——英国皇家空军19名最优秀的飞行员折损了8名——似乎在昭告，它并非如此成功。要想切断鲁尔的水资源供应，必须炸掉索佩水坝，但最终索佩水坝只是略微受损。沃利斯的炸弹不适用于索佩水坝，他对这一点心知肚明。官方历史学家也清楚，特制炸弹和随之而来的洪水都无足轻重，真正重要的是吉布森及其麾下的飞行员杰出的低空飞行和投弹技术。这些技术不仅被轰炸机司令部的其余人等采纳，还促使司令部从1944年中开始改变战略。

---

① *The Right of Line: The Royal Air Force in the European War 1939—1945*, by John Terraine, Wordsworth Editions Ltd, 1997.
② *Royal United Service Institute Journal*, May 1962, p103.

对页图：进行投弹实验之前，最高指挥官盖伊·吉布森的兰开斯特轰炸机炸弹舱里的弹跳炸弹

上　图：空军上尉巴罗的兰开斯特轰炸机在轰炸索佩水坝的途中，因碰到高压输电线铁塔而坠毁，飞机上的全部机组人员罹难，上面的弹跳炸弹却保存完好。旁边的德国军官生动地对比出炸弹的体积

右　图：第六一七中队的兰开斯特轰炸机在英国肯特郡的雷卡尔弗进行投弹实验

下页图：空袭结束四小时之后，慕恩水坝上的缺口

64 供应证

第二次世界大战中,所有参战国都对食物和其他重要物资实行定量配给,英国是首个吃螃蟹的国家——英国的食物和其他物资,如石油、汽油等,都严重依赖进口,这些物资都靠海运进入英国。1939年,英国进口了2 000万吨食物,这意味着英国所有的肉类当中,有50%都是进口而来;奶酪和糖类进口物资的数量占到70%,水果类占到了80%,谷物类占到70%。德国抓住大英帝国这一软肋,通过攻击运输船只来达到损害英国工业、使英国人难以果腹的目的。第一次世界大战当中,德国的U型潜艇几乎让英国人饿死,最后差点投降了事。有了这个前车之鉴,英国政府早在二战爆发前就制订好了定量配给计划。

战火一旦燃起,首个进行定量配给的物品就是汽油。然而1940年1月8日,食物也开始实行定量配给,开始的时候是培根、黄油和糖,之后肉类、茶叶、果酱、饼干、早餐燕麦、奶酪、鸡蛋、猪油、牛奶以及罐装水果也加入了定量配给的行列。英国政府专门成立了食品部,该部门制定了一套实行定量配给的制度。大英帝国的居民人手一本供应证,就连小孩儿也不例外。

成年人的供应证一般是浅黄色。孕妇、哺乳期妇女以及五岁以下的孩童则拥有绿色的供应证,如有水果供应,他们可以凭证优先选择。此外,拥有绿色供应证者每天还可获得1品脱(约合568毫升)牛奶,以及双份的鸡蛋。5岁到16岁之间的未成年人配发蓝色供应证,他们凭借此证在购买水果时相对成年人享有优先权;此外,他们可获得更多的肉类,每天还有半品脱牛奶(约合284毫升)。

大部分定量配给的食品,都要在指定的商店登记之后才能购买。具体细节都印在供应证的内页上。持证人只能在固定的商店购物,如此一来,店主就能根据登记人数贮存相应的货品。购买一件定量配给商品之后,店主就会把供应证里面的相应的配给券撕掉或是盖上一个戳。

在英国,食物不是唯一实行定量配给的物品。购买衣服要实行积分制,1942年,英国政府分配给居民的人均积分为66分;但到1945年却降至24分(一套男性服装根据内衬长短不同,需要26至29分不等)。二手服装和毛皮大衣无须使用积分。短裤上禁止使用蕾丝和褶边,衣服上纽扣、口袋以及衣褶的数量都被严格限制。肥皂也实行定量配给,每人每月大约3条;如果同时购买肥皂片或肥皂粉来洗衣裳和碗盘,肥皂的供应量还要进一步减少。煤炭也实行限量供应,夏季不再集中供暖。就连纸张也要实行定量配给,报纸的消耗量因此骤降至战前水平的25%,大部分商店都不再使用包装纸。

尽管德国也在1939年9月开始实行食品定量配给制度,但是直到1943年,希特勒才开始实行全面定量配给制度。部分原因在于,希特勒认为战争不会持续很长时间;他不想降低自己在民众当中的影响力也是原因之一。除此之外,德国若发生食物短缺的情况,食物可以从被占领的国家源源不断地运过来,法国15%的粮食被运往了德国。1943年中期,德国面临的战况不断恶化,他们不得不实行严苛的定量配给制度。数百万劳工和战俘获得的食品几乎难以果腹,而这些濒临饿死的人却承担了工厂和土地上的繁重工作。

列宁格勒的居民在900天的围困期内经历了二战当中最为拮据的配给制度。1941年到1942年的冬天,体力劳动者每日获得的食品总量降至225克,其余市民则只有可怜的112克。鸟类、老鼠、猫狗都成为人们口中的食物,甚至出现了人吃人的惨象。

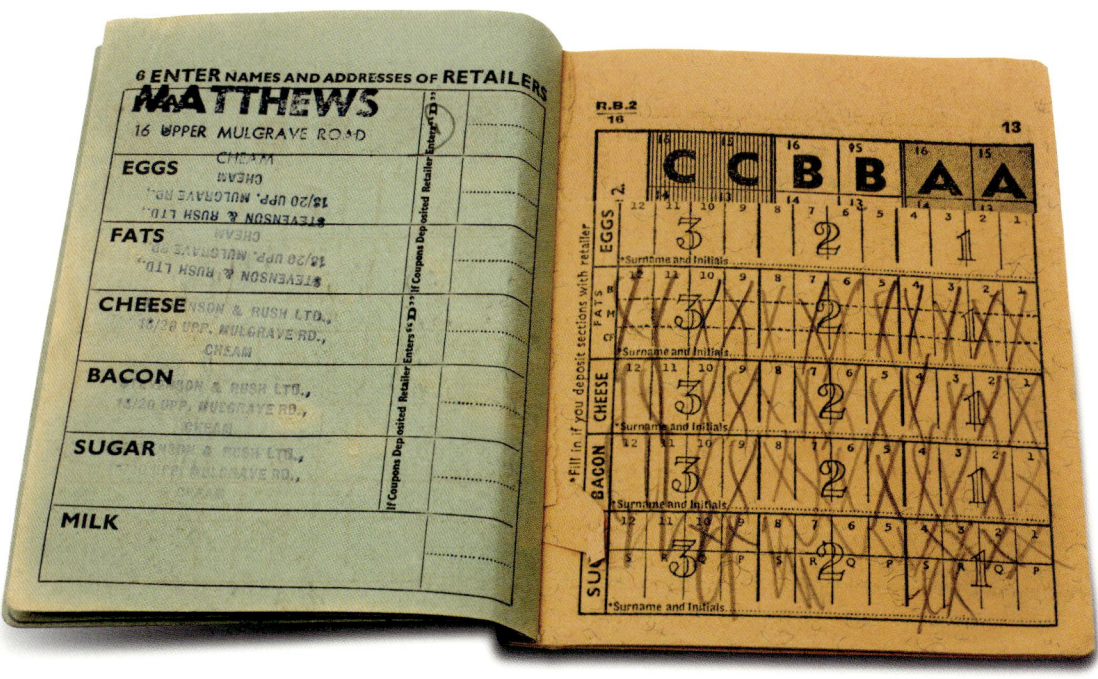

对页图：各种定量配给物品的静物图。图片中有一本浅黄色的供应证（成年人）和一本红色的服装供应证，一盒鸡蛋以及一听经过加工的肉罐头

上　图：供应证的封面和内页

65 欧文冲锋枪

欧文冲锋枪的官方名称是欧文卡宾枪，它是第二次世界大战当中唯一一款由澳大利亚人自己设计的武器。二战爆发前6周，24岁的发明家伊夫林·欧文向澳大利亚军工委员会展示了一款5.6毫米口径的卡宾枪模型，但委员会认为，这种武器对澳大利亚军队而言毫无意义。二战爆发后，欧文以列兵身份加入了澳大利亚陆军。

1940年9月，在新南威尔士的肯布兰港工作的来撒特钢铁公司的经理文森特·瓦德尔返回家中，却在车库的门边意外发现一个麻袋。麻袋中是欧文（瓦德尔邻居的儿子）设计的卡宾枪样枪。欧文冲锋枪简洁的设计让瓦德尔印象深刻，他利用自己的影响力，将年轻的欧文调至军工发明部门，以继续他的创造。虽然军方对此仍然无动于衷，但欧文至少能够继续调整并改进他的卡宾枪。

开始的时候，莱萨特公司（Lysaght）生产的卡宾枪样枪安装的是顶置式弹鼓，后来却被装弹32发的顶置式弹夹取代——32发弹夹类似于斯登冲锋枪上的弹夹，但它位于枪支上部。卡宾枪的准星安装在侧面，开火者能够沿着弹夹瞄准目标。当时，澳大利亚军队存有大量11毫米子弹，所以一开始就是子弹选择枪支。莱萨特公司提供了11毫米、9毫米和5.6毫米三种口径的枪支以供测试。三种枪支都与当时英国军队和英联邦军队配备的冲锋枪进行了对比测试，包括9毫米口径的英国斯登冲锋枪、11毫米口径的美国汤姆逊冲锋枪。测试内容包括将枪浸泡在泥水和泥沙中模仿战场环境。欧文式冲锋枪出色地通过了测试，这与另外两种枪形成了鲜明的对比。

尽管欧文冲锋枪可靠性的测试令人瞩目，但澳大利亚军方对于采购哪一种卡宾枪仍然犹豫不决。最终，在政府的高级部长耍了一些花招之后，军队终于订购了9毫米口径的欧文冲锋枪。这是一个极佳的选择，5.6毫米口径的短管武器能够提供的压制火力远逊于9毫米武器。32发的11毫米口径枪支因弹夹太重，增加了枪支的重量，较之于9毫米口径的枪支，它更加难以操作和搬运，在浓密的灌木丛尤为如此。

1941年到1945年之间，莱萨特工厂（分别位于新南威尔士的肯布兰和纽卡斯尔）总计生产了大约50 000支欧文式冲锋枪。尽管欧文冲锋枪比斯登冲锋枪更大更重，但它在澳大利亚军队当中却大受欢迎。澳大利亚与日本在新几内亚正式交战时，欧文式冲锋枪就开始了自己的服役生涯。战争中，有许多在繁茂的雨林和灌木丛地带展开的近距离遭遇战，能够连续对敌开火的性能在战场中尤为可贵，只有死亡才能阻挡敌军前进的步伐。在热带雨林区，欧文式冲锋枪是如此出类拔萃，无论是被淤泥覆盖、浸泡在水中，还是枪支连续数日遭到雨淋，它都可继续使用。欧文式冲锋枪之所以可靠，关键在于它的顶置式弹夹，如此一来，弹药自身的重量能让弹夹弹簧将子弹推到后膛进行装填。对枪支后膛的设计杜绝了灰尘堵塞枪栓的情况；枪支能在泥泞和沙砾环境下正常射击，后膛的设计起到了关键作用。难怪这款枪也被称为"矿工的挚爱"（"矿工"指澳大利亚士兵）。欧文冲锋枪一直在澳大利亚军队中服役到20世纪60年代中期，并在朝鲜战争和越南战争中亮相。

对页图：澳新军团士兵手中的"矿工的挚爱"——欧文式冲锋枪

上　图：欧文MK I式冲锋枪

对页图：欧文式冲锋枪尤其适用于繁茂的丛林。在丛林当中，目标转瞬即逝，因此必须进行近距离交火，更长的步枪或卡宾枪会和灌木和藤蔓纠缠在一起

上 图：朝鲜战争中的澳大利亚"矿工"。朝鲜战争中，欧文式冲锋枪仍在使用

66 钦迪特的徽章

钦迪特是在两度深入缅甸境内日军后方作战的特种部队。这支部队是英国皇家炮兵团军官、陆军少校奥德·温盖特的杰作。温盖特在最高司令阿奇博尔德·韦维尔的命令下，前往印度。第一次世界大战爆发前，他曾在巴勒斯坦成功展开游击战；1941年，阿比西尼亚的游击战中也有他的身影。温盖特说服韦维尔，让后者允许他成立一支特别部队（一个旅的力量），从印度阿萨姆邦突袭至缅甸境内。

温盖特被擢升为代理陆军准将，并被授权成立第七十七印度步兵旅。他选取了缅甸神兽"清堤"（Chinthe，音译）作为部队的徽章——缅甸的寺院和庙宇外都有清堤镇守。温盖特手下的士兵将其误称为"钦迪特"（Chindit），但这个错误的名称就这样沿用并流传了下来。

温盖特将钦迪特旅拆分为数个400人左右的小纵队，每支小队都有空军护卫，他们自主行进，一周以内都要实现自给自足。温盖特计划集中两个或更多的纵队执行特殊任务，如轰炸桥梁或者进攻日军的小型警戒部队等。温盖特用无线电和各个纵队进行交流。

1943年2月中旬，温盖特麾下的钦迪特旅进入缅甸，切断了瑞保和密支那之间的铁路线，骚扰瑞保境内的日本军队。他们最终跨过伊洛瓦底江，并试图切断敌军与萨尔温江前线的联络——当时中国军队正在那里浴血奋战。他们的最后一个目标从未实现，因为第七十七步兵旅的大部分纵队渡过伊洛瓦底江之后，日本军队就开始集结兵力对付他们。温盖特命令手下的纵队分散开来，撤回印度。

第一次远征中，有3 000名钦迪特士兵进入缅甸，4个月后有2 182人返回。没有返回印度的钦迪特士兵当中，有450人或伤或亡，有210人被俘（其中只有42人生还），其余士兵悉数失踪。钦迪特的战绩少得可怜，温盖特据此认为，自己可能会被军法审判。和他的估计相反，他不仅没有被军法审判，反而被丘吉尔首相相中，陪同后者参加了在魁北克举行的英美会议。与此同时，在印度的公共关系官员正忙于宣传钦迪特部队的事迹，将其描述为打败了迄今为止没有败绩的日本军队的典型，这套方法也确实管用。

温盖特在魁北克的出色表现给所有人都留下了深刻印象，他也借此获准大规模地扩充自己的队伍。他获得了另外两个旅的兵力，以及一个完整的步兵师——刚从沙漠中返回的第七十师。此外，他还收到大量飞机。这使他能够用达科塔运输机和滑翔机将自己的主力部队空运至战场。虽然如此，他麾下仍有一个师是步行到指定地点的。

空运和陆地行军虽然遭遇了种种挫折，但总的说来，还算顺利。温盖特手下的几个旅开始执行任务，但几天之后温盖特就在一次坠机事故中死亡。指挥第一一一旅的乔·伦泰恩陆军准将接管了钦迪特部队。开始的时候，任务一切顺利，在一个名为"白城"（White City）的街区执行防御性任务时尤其如此——这次任务由钦迪特部队的优秀将领，陆军准将詹姆斯·迈克尔·卡尔弗特指挥，他外号"疯子迈克"。

数周之后，钦迪特收到向北行进，支援两个中国师的命令。这两个中国师由反英的美国将领约瑟夫·W.史迪威中将领导。在此期间，卡尔弗特麾下的一个旅占领了孟拱镇，但卡尔弗特却听见BBC报道，史迪威宣称是他的部队拿下了孟拱。卡尔弗特于是发出一则消息，"是美国人和中国人拿下了孟拱，第七十七旅不过赶来吃了个瘪"。

最终，钦迪特还是退出了战场。幸存下来的士兵中，很少有人身体状态适合再次参战。仅仅一个旅当中，就有80%的士兵不适合现役。

对页图：第二次钦迪特远征中，钦迪特士兵在赶往"白城"与迈克·卡尔弗特准将会合的途中，于曼德勒－密支那铁路线上设伏

上　图：钦迪特部队的徽章，它以缅甸寺庙外镇守的神兽为原型

67 潜艇探测器

潜艇探测器[1]的英文名ASDIC被一部分人认为是"反潜艇探测调查委员会"(Anti-Submarine Detection Investigation Committee)的首字母缩写——所谓的反潜艇探测调查委员会不过是个幌子,它实际上是指第一次世界大战中,英国海军部反潜师高度机密的行动,其目的在于提高监测水中潜艇的技术。水下测音器是当时最先进的设备之一,人们用它来监测U型潜艇推进器的声音。但装备了水下测音器的舰只必须在将测音器投入水中之前停下来,并一直保持静止状态,如此方才有效。战后分析表明,因水下测音器损失的U型潜艇只有三艘。而另一方面,德国的U型潜艇击沉了大量盟军舰只,运往英国的食物及其他重要物资最后所剩无几。英国海军参谋虽然没能在一战前找出解决监测难题的技术方法,但幸运的是,英国在1917年4月26日引进了护航制度,之后,被U型潜艇击沉的舰只数量大幅减少。英国海军参谋后来也找到了解决之道:在水中发射声波脉冲,当其碰到潜艇的船体时就会反弹并被接收。

战争期间,相关研究仍在继续。到1938年,英国人通过针对水下物体的反弹声波技术研发了潜艇探测设备。发射机被包裹在船底装满水的金属半球体当中,它会发出声波脉冲。发射机操作员坐在驾驶台后的潜艇探测器隔间内,他能调整发射器头部,使其在船只两侧都能形成大约45度的圆弧形覆盖面。当脉冲声撞上物体时,会发出"哔哔哔"的回声。之后,操作员就会提醒值班军官或者船长,并向他们提供物体的距离和方位。

第二次世界大战前,英国皇家海军对潜艇探测器信心满满,其海军参谋坚信,他们已经克服了U型潜艇带来的大部分威胁。战争爆发前,英国海军部就是否有必要设立护航制度进行了热烈的讨论。幸运的是,第二次世界大战爆发后,商船被要求马上采用护航制度。因为在作战情况下,潜艇探索器并不能达到预期的效果,原因主要包括:潜艇探测器的探测范围只有1 370米;不能准确读出潜艇的方位和距离——方位可能会出现几度的偏差,距离则会出现大约23米的误差;潜艇探测器不能分辨潜艇和鲨鱼等非潜艇物体;操作员的技巧和实践非常重要,而这需要时间培养;若航行时速达到37千米(20节)以上,潜艇探测器的效率就会大大降低,恶劣天气中和拥有不同温度水层的水域中,情况也是如此;狡猾的U型潜艇指挥官学会躲在特定的水层下,在那里声束既不会被扭曲,也不会反弹;潜艇探测器不能判断U型潜艇所处的深度,所以也不能在正确的深度引爆炸弹;最后,潜艇探测器不能检测到水面上的潜艇。最后一个因素是致命缺点,因为U型潜艇大部分攻击都是在夜间的水面上进行的。海军参谋在战后报告称,"潜艇探测器实际上没有任何作用"。解决的办法就是给更多的船只装上雷达,雷达能够检测到体形较小的目标,如潜艇的指挥塔,以及潜艇露出水面的部分外壳等。随着战事的推进,护卫舰也装备了雷达。

二战初期,英国的潜艇探测器技术传往美国——美国对声呐技术(SONAR)的研究当时已经进行了数年。英美两国的科学家在战争中携手合作,以期研究出更加准确可靠的潜艇探索器或声呐。到战争结束的时候,声呐——英国人如今也采用这个称呼——已经能更加准确地定位潜艇。这和深水炸弹技术取得的重大进步相结合,在打败德国U型潜艇的战争中扮演了重要角色。

---

[1] 所谓"潜艇探测器"即是声呐的早期称呼。——译注

下页图:英国皇家海军舰艇"安东尼"号的罗经观测台上的值班军官和三名海员。"安东尼"号是一艘A级驱逐舰,图片中声呐操作员正从声呐操作室里往外看

68 海岸防御

盘式地雷是德国在第一次世界大战中制造的标准反坦克地雷，其外形呈圆盘状，里面装有大约5.5千克重的TNT炸药。盘式地雷使用压力引信，超过90千克的车辆从其上方压过时会将其引爆。90千克的重量是经过深思熟虑的，因为这种地雷是专门用来对付坦克和轻型车辆的，要是被人引爆就不划算了——对付人有专用的轻型地雷，通常埋在混合雷场中反坦克地雷的旁边，如此一来，扫雷工作就愈加困难。盘式地雷上可以安装"抗扰动"设备，一旦有人试图移动地雷，它就会自动爆炸。这一点众所周知，也增加了扫雷需要耗费的时间。

1943年秋季，德国陆军元帅埃尔温·隆美尔正负责指挥B集团军，法国北部以及荷兰的海岸防御（从法国南斯到荷兰须德海）都由他负责，盟军最有可能登陆的海岸就在其中。隆美尔在非洲作战时曾大量使用地雷，这次他也下令在自己负责的战区内大规模使用地雷。到1943年10月，德军大约布下了200万枚地雷；到1944年5月末，布下的地雷多达600万枚。隆美尔不仅在盟军可能会登陆的滩头上埋下了地雷，他还在涨潮时的低水位位置布下了重重障碍。沙滩和泥滩上插满了木桩和混凝土桩，并有一定倾斜度，使之面朝大海。沙滩上还有高1.8米，重1吨的混凝土四面体。除了这些，2.1米长的大梁被固定在一起，构成了四面都是尖角的"刺猬"。"刺猬"能够刺穿撞上来的登陆艇；若被掀翻，"刺猬"的其他尖角就会翘上来，从底部将登陆艇刺穿。障碍物之间和沙滩临海的一面都穿插着带有两脚架的杆子，登陆艇面对大浪时为了避开杆子就会撞上水下障碍物，从而被刺穿。

沙滩防御物多种多样，其中许多都与盘式炸弹联合使用。若地雷数量不足，隆美尔就会使用缴获的法军炮弹。不管这些障碍物有没有配备地雷和炸药，它们的目的都在于撕裂靠近沙滩的登陆艇底部，使它们在登陆和卸下士兵或车辆之前就沉没大海。

1944年2月，盟军发现德国布置了水下障碍。之后，来自联合作战引航部队的小分队就在夜间对选定的沙滩进行侦察，估量进攻的难度。在白天，则是从低空航空侦察拍摄下的斜视照片中获得情报。小分队带回的信息促使盟军做出决定：不在涨潮时登陆——这一点早在隆美尔的预料之中——而在退潮时登陆。如此一来，战斗工兵就能在登陆艇到达之前扫清通过障碍地带的道路。战斗工兵利用履带车辆，将障碍物损毁或推向两边，但这只有在潮位之上，或者不超过60厘米的浅水里方才可行。来自英国皇家海军和皇家工程兵团的小组为了这项任务积极参与培训。退潮时，登陆艇的舵手能更清楚地看见水中的障碍物，从而躲避开来。

幸运的是，由于时间和设备不足，隆美尔没有实现将障碍带推进至潮差低潮位的计划。此外，盟军采用了霍巴特设计的"滑稽坦克"（funnies），这是一种特制的装甲车辆，专门用来对付隆美尔设置的障碍。在退潮时登陆的军队往往需要往沙滩上奔跑更长的时间，自身便无可奈何地暴露在敌军的轻武器火力、迫击炮及火炮的攻击之下。但较之于被淹死或在水中被敌人打倒，这种办法显然要优越许多。如果障碍地带的通道没有清除干净，后种情况完全有可能发生。

对页图：挪威的斯塔万格附近，一名德国战俘正将炸药固定在盘式地雷上，以便在原地将其炸毁，移动盘式地雷是非常危险的行为

上　图：金属的"刺猬"

右　图：一名海军军官（极可能是沙滩长官）和皇家工程兵团的军官正在查看挂着盘式地雷的"刺猬"

下页图：大西洋壁垒沿线的"刺猬"及障碍杆

69 烟幕发射器

"涅贝尔维尔法"（德语音译，意为烟幕发射器）其实是一种多管火箭弹发射器。第一次世界大战当中，大量的"涅贝尔维尔法"被用来发射烟幕或是毒气，这也是它名字的来源。"涅贝尔维尔法"由迫击炮演变而来，它实际上就是一根粗大的管子，炸弹由火药推动从管中发射出来。这种火药弹丸的冲击较小，所以能发射外壳更加轻薄、装有大量炸药的大型炮弹，但其射程却低于传统火炮。迫击炮不需要反后坐和复位系统，所以比其他火炮更加轻便，造价也更低廉。通常而言，反后坐装置是用来吸收火炮的后坐力，复位器则是将火炮推回发射位置的装置。

炮弹的体积使迫击炮成为释放大量烟幕或毒气的最佳武器。一般说来，迫击炮都属于能在"上层区域"发射的高仰角武器，这意味着它能呈45度甚至近乎垂直的状态投射炸弹，所以能够进攻藏在山丘后面、树林里面和防御工事内部的目标。

1934年，德国人设计出10厘米口径的35号"涅贝尔维尔法"，能够将化学弹发射至3 000米远的地方，但是这对军队来说还不够。于是，德国人又研制出40号"涅贝尔维尔法"（Nebelwerfer 40），其口径仍为10厘米，但射程却可以达到6 000米。为了达到这一效果，原来的迫击炮被改为后膛填装式，装备了用来吸收后坐力的反后坐系统，下面还安装了轮式底盘——除了名字之外，它已经是一款实实在在的火炮了。就重量而言，40号"涅贝尔维尔法"是35号（Nebelwerfer 35）的8倍之多，制造时间则是它的10倍。

战争期间，德国人也对火箭弹推进系统进行了研究，他们意识到，这也是一种释放大量烟幕或毒气的途径。在这种情况下，15厘米口径的41号"涅贝尔维尔法"（Nebelwerfer 41）应运而生，法兰西战役（1940年5月10日—6月25日）刚刚结束，41号便开始服役，并取代了35号。41号由一个装在拖车上的六筒发射器构成，能够将旋转稳定式火箭弹发射到6 850米远的地方；此外，41号和传统火炮一样，可以平射。火箭弹弹头重达34千克，里面可以装上毒气或是烈性炸药。但最后，德国在第二次世界大战当中并没有使用毒气，而是使用了大量发烟剂和烈性炸药。火箭弹发射器没有后坐力，因此无需反后坐和复位系统。这样的武器远轻于同样口径的火炮。第二次世界大战当中，一共生产了数千门41号"涅贝尔维尔法"，以及数百万枚150毫米口径的火箭弹。

入侵苏联之前，德国研制出另外两款"涅贝尔维尔法"：28厘米和32厘米口径的41号"涅贝尔维尔法"。28厘米款的弹头里装着烈性炸药，32厘米款则装有燃烧物质。两种"涅贝尔维尔法"的射程都很短，仅仅2 200米。它们能够在木质包装箱上或者是拖曳式发射器上开火。之后，德国人又生产出21厘米口径的42号"涅贝尔维尔法"。42号拥有5根发射筒，装满烈性炸药的弹头重达112千克，射程可达7 845米。42号安装在火炮牵引车上，因此机动性非常强。42号曾在北非战场、苏联战场以及欧洲西北部战场服役。最后研制出的型号是30厘米口径的42号"涅贝尔维尔法"，弹头里装有烈性炸药，重达126千克。尽管设计时间非常早，但它直到1943年才引入战场。

遭到传统迫击炮的猛烈炮击绝对是痛苦的经验，对于处在"涅贝尔维尔法"齐射式攻击下的一方来说尤为如此。火箭弹上装有汽笛，划过天空时会发出凄厉的声音。多枚火箭弹一同发射，发出的声音不绝于耳，如同一群女鬼在哭号。被攻击者听见警报声变得十分紧张，不仅如此，他们还要在警报声中面对弹雨攻击带来的大规模爆炸。这些炸弹无论哪一枚都大过了盟军的迫击炮弹，只有苏联的喀秋莎火箭弹的后期型号能与之一较高下。

下页图：俄国前线，一名士兵正在给15厘米口径的"涅贝尔维尔法"装弹

70 韦科滑翔机

韦科滑翔机是美国韦科飞机公司生产的标准中型滑翔机，供美国的空降部队使用。许多场合中，英国人也使用滑翔机，不过他们将其称为"哈德良"，与英国其他滑翔机的名字，如亨吉斯特、霍茨波、霍萨以及哈米尔卡等保持一致。韦科滑翔机是15座的上单翼飞机，能够搭载士兵及货物。其机翼为长方形，装备了人工操作的襟翼和起落装置。驾驶舱在与机身相连的位置，是与飞机顶部铰接在一起的。这使该机的机鼻能够向上打开，吉普车、拖车、机动车或者轻机枪等便可从飞机前面装载或卸下。

进攻西西里岛（1943年7月9日—8月17日）的美国和英国空降师以及温盖特麾下在缅甸作战的钦迪特部队都使用了韦科滑翔机。第二次世界大战当中，美国首次大规模使用韦科滑翔机，用来运输第八十二和第一〇一空降师的滑翔机步兵队伍、大炮、总部车辆以及重型电台等，时间为1944年6月6日及6月7日。

美国空降师的主要注意力都集中在伞降步兵"光彩夺目"的行动上，机降步兵往往属于被忽略的一方——无论是在诺曼底登陆战当中还是在其他地方，情况都是如此。登陆诺曼底的部队中，每个师都有一个滑翔机步兵团，每个团下面则有三个营，以及两个装备了75毫米口径大炮的空降野战炮兵营。

直升机面世之前，滑翔机是将士兵和设备运入战斗区域，并且尽可能使他们降落在同一地点的唯一办法。

降落在同一地方的士兵能迅速集合，形成有凝聚力的战斗队伍。若使用伞降，士兵和设备则会降落在相隔数英里远的野外，他们往往需要花费数个小时，甚至是好几天才能与彼此会合。

在美国的空降师当中，每架滑翔机都由C-47运输机（又名"达科塔"）拖航至作战区域，然后在着陆区内的指定降落点放开，使其自行滑翔着陆。美国空降部队大部分利用滑翔机登陆的行动都是在白天进行的。乘坐滑翔机绝非一件乐事，所以许多士兵更青睐降落伞。拖航机起飞的时候，滑翔机内颠簸不堪；乘坐滑翔机的士兵清楚地记得，还没到达投放点，机舱内的地板上就已经被呕吐物覆盖。拖航机和滑翔机这对笨重的组合很容易成为敌军高射炮和战斗机的目标，白天尤为如此。

乘坐滑翔机登陆被戏称为"人为的坠机事故"，其危险程度可想而知，在森林地带尤其如此。运气好的话，树枝会把机翼折断，使滑翔机的速度减慢。如果机鼻撞上树干，后果将会是灾难性的：滑翔机上的两名飞行员和乘客可能会死亡或身受重伤。装载着吉普车或是火炮的滑翔机也有潜在的致命威胁：着陆过程中稍有不慎，飞机上的货物就会向前猛冲，撞向飞行员。

尽管滑翔机存在种种缺点，但在诺曼底登陆日及其之后的一天内，第八十二和第一〇一空降师能够在科唐坦半岛取得胜利，滑翔机功不可没。此外，滑翔机的应用还减轻了从海面登陆犹他海滩的美军所面临的压力。

对页图：1944年6月6日早晨，美军战区圣梅尔埃格利斯南部3千米处的W着陆区内，美国第八十二空降师第三二五滑翔机步兵团第一营的韦科滑翔机正在着陆。这是他们发起的第二波着陆行动，空中还有用于拖航的C-47运输机在盘旋

上　图：韦科滑翔机

71 坦克登陆舰

第二次世界大战（1943—1945）当中，坦克登陆艇（LST）是盟军登陆战的坚强后盾。它能够搭载坦克、车辆、大炮以及重型物资，并通过艏门将物资直接运送到沙滩上。英国在1940年制造了第一艘小型坦克登陆艇，却因为体积过小，只能用于短途航行之后的两栖作战。丘吉尔要求生产出更大更好的登陆艇，为了尽快完成目标，英国人对三艘吃水较浅的油轮进行了一番改造：切除船首，新建了一个底部有艏门的构件。这三艘油轮原本用于委内瑞拉境内的马拉开波湖。这三艘舰艇的服役时间贯穿整个二战，连1944年6月的诺曼底登陆战当中也有它们的身影。

但第二次世界大战当中，美国和英国使用的坦克登陆舰主要还是LST（2），这种登陆舰在美国实现了大规模生产。刚开始的时候，它们被称作"大西洋型坦克登陆舰"，这也是它们的设计初衷：1941年设计它们的目的就在于让它们凭借自身的力量穿越大西洋。这些登陆舰由来自美国海军船舶局的约翰·C.利尔德曼设计，舰只装备了水压舱，能够适应吃水较深的远洋航行，也可用于吃水较浅的沙滩近岸航行。

LST（2）装备了两台通用发动机公司的12-567 V-12标准机车发动机以及两个螺旋桨。最大时速可以达到21.2千米（11.5节），航行时速为16.2千米（8.75节）。LST（2）能够搭载20辆谢尔曼坦克，或者120辆小型车辆，以及170名士兵。坦克只能装载在较低的坦克甲板上，但较轻的设备，如吉普车、小型卡车、拖曳式大炮等可以装载在上层甲板上。登陆艇上的物资装卸都是通过两个艏门以及艏门跳板完成的，上层甲板上的车辆则通过车辆升降机进行装卸。登陆艇可拖到岸上，卸除物资；货物也可以卸载到犀牛平底船上，部分登陆艇会将这些平底船拖到远离登陆沙滩的海域。平底船可以组成一条53米长的驳船，船上装备了舷外发动机。

通过平底船，解决了一个登陆难题：如何在沙滩平坦、坡度较缓的情况下将登陆舰开到离沙滩最近的地方。同时，平底船也避免了登陆舰在退潮时搁浅的问题，因为一旦在沙滩搁浅，登陆舰就如同搁浅的鲸鱼，完全暴露在敌军的炮火及炸弹攻击之下，登陆的开始阶段，情况尤其如此。但登陆舰的设计初衷就是利用它进行抢滩登陆，登陆进入尾声时也往往允许它们抢滩。车辆则直接从干燥的沙滩冲上岸。潜渡坦克和车辆，如大名鼎鼎的两栖运兵车，能够从艏门跳板直接入水，驶向岸边。英国军队中的登陆舰装备了1门12磅的防空炮以及6门20毫米口径的火炮。美军的登陆舰则装备了7门40毫米口径的防空炮，以及12门20毫米口径的火炮。

部分登陆舰的收放装置上还装载了两艘小型的登陆艇：英军的登陆舰上往往装着突击登陆艇，美军的登陆舰上则装着车辆人员登陆艇。它们能够运输步兵、沙滩部队及其他步行前进的部队，使之成功登陆。

部分挑选出来的登陆舰上配备了医疗队，充当前线的移动医院，登陆舰的坦克甲板上可以做外科手术。坦克甲板上有大量躺在担架里的伤员，他们最后都是通过这种带有医疗队的登陆艇舰撤离的。

诺曼底登陆当中，登陆舰从马尔伯里港运输物资，穿过英吉利海峡。从登陆日第二天的清晨开始，登陆舰就往来于英国港口和沙滩之间，将增援部队、替代设备以及供应物资等运往沙滩。英国的416号登陆舰（登陆舰只有编号，没有名称）在6月6日到9月31日之间，穿越了28次英吉利海峡。登陆舰就是如今滚装船的前身。

对页图：1944年10月1日，在菲律宾莱特岛的海浪中行进的22号和206号登陆艇

上 图：一辆谢尔曼坦克从登陆舰的艏门驶出，沿着艏门跳板进入水中，驶向岸边

72 乔治十字勋章

英国国王乔治六世在1940年9月24日设立了乔治十字勋章。当时，德国对大英帝国的轰炸日益频繁，轰炸对象也从机场转变为城市。普通市民和没有与敌人交战的服役人员中涌现出越来越多的英雄人物，乔治六世认为，对他们的行为进行表彰非常必要。他说道：

> 为了恰如其分且及时对他们进行表彰，我决定立即为大英帝国各行各业的人设立一项新的荣誉。我提议用我的名字来命名这个奖章，称它为乔治十字勋章，将它佩戴在维多利亚十字勋章后面。

与此同时，英国政府还设立了乔治奖章（George Medal），用来表彰那些功绩不足以获得乔治十字勋章的人。1941年1月31日的《伦敦公报》（London Gazette）刊登了关于乔治十字勋章的消息：

> 乔治国王兼皇帝承上帝洪恩的大不列颠及爱尔兰王国及其他领土和属地的国王，印度皇帝，信仰的捍卫者，乔治六世给所有人带来一份厚礼。
>
> 欢呼吧！
>
> 乔治六世陛下考虑到大英帝国男女公民在战争期间的英勇行为，急切希望表彰这些勇敢的人。
>
> 乔治六世陛下代表他的继承者和子子孙孙设立了新的奖章，它蕴含着至高的荣誉，值得我们热切追寻。
>
> 首先，这枚勋章被设计为十字形，被命名为"乔治十字勋章"。

设计乔治十字勋章是为了取代大英帝国功绩勋章（Empire Gallantry Medal），因此所有获得功绩勋章的人都收到将功绩勋章换成乔治十字勋章的通知，这在历史上当属首次。乔治十字勋章的设立声明中如此说道：

> 乔治十字勋章主要是为平民而设，而军队里部分值得表彰的行为并不适用于纯粹的军事荣誉……乔治十字勋章上方有1.4英寸（3.556厘米）宽的深蓝色丝带，它应该佩戴在左胸上，维多利亚十字勋章之后，其他英国骑士封号的徽章之前。

托马斯·奥尔德森是乔治十字勋章的首位获勋者，他是防空组织（Air Raid Precautions Organization）一支分遣部队的领导，因从遭到轰炸的房子中英勇救人而被授予该勋章。第二次世界大战当中，共有三名女子获得了乔治十字勋章，她们是：奥德特·桑塞姆、维奥莉特·萨博，以及努尔·伊纳亚特·汗。她们在欧洲占领区与特别行动处（SOE）携手合作。1942年4月15日，乔治十字勋章被授予马耳他岛，据乔治六世国王所言，"（马耳他岛）见证了人们的勇气和奉献，这将在历史上永垂不朽"。

对页图：维奥莉特·萨博。她被纳粹的盖世太保抓获，严刑拷打之后被枪杀，死后被追授了乔治十字勋章

上 图：乔治十字勋章

73 火箭筒

M1/M9火箭筒因为外形酷似20世纪30年代表演歌舞杂耍的喜剧演员所用的"巴祖卡"乐器（英文中指长号式乐器），所以又被称为"巴祖卡火箭筒"（Bazooka）。M1/M9是一种单兵携带的中型反坦克武器，供美国陆军的步兵使用。巴祖卡使用60毫米口径、采用锥形装药技术的火箭弹，虽然不能穿透德国坦克正面的装甲，但朝坦克侧面和后面开火却能使其严重受损。巴祖卡的有效射程最远可达183米，能够对付德国所有的战斗车辆和卡车，也可用作自带支架的"碉堡克星"。

火箭筒长1.5米，采用后膛装填技术——那里有一套电激发设备，能够引爆火箭弹。火箭弹射手按下扳机，电激发设备就会产生电能，使之作用于火箭发动机。火箭筒没有后坐力，但装弹手必须将反向爆炸产生的尾焰清除干净，因为这会暴露火箭筒的开火位置。所以，训练有素的两人小组在同一地点开火一般不会超过一次。

根据1943年的组织和设备计划表，美国陆军的一个步兵师可以领到557具火箭筒，但步兵团团部和步兵营营部的反坦克火箭筒小组配备的火箭筒数量最多，他们还装备了反坦克炮和布雷车。在实际战斗当中，火箭筒小组一般会被派往步兵连。

虽然武器专家对M-1的瞄准具和触发装置进行了改动，但M-9的变化却是最重要的——M-9的发射筒分为两部分，这两部分能够在几秒钟之内通过旋转锁定组装在一起。这种变化使火箭发射筒更加易于携带，同时对触发装置也起到保护作用。

巴祖卡火箭筒给德国人留下了深刻印象，德国陆军以巴祖卡为原型，研制出名为"坦克杀手"的反坦克火箭筒。坦克杀手使用88毫米口径的弹头，能够穿透18至20厘米厚的倾斜装甲。其破坏力是美国2.36英寸（约合59.94毫米）弹头的两倍，能够从正面击毁美国坦克。

下页图：用新的巴祖卡火箭筒瞄准目标的士兵
右　图：1944年6月的诺曼底登陆战当中，美国士兵在巷战时使用火箭筒

74 地道手推车

第二次世界大战当中最著名的越狱事件发生在第三战俘营（Stalag Luft III）。第三战俘营位于西里西亚的萨冈，当时是德国的一部分，现在则位于波兰境内。当时，德国有几座专门关押盟军飞行员的战俘营，第三战俘营是其中最大的一座，里面关押着10 000名战俘，占地面积59英亩（约合358亩），周围环绕着8千米长的围墙。第三战俘营关押的战俘包括海军航空兵、美国陆军航空兵，以及部分非空军士兵（这个例外的缘由很难说明白）。

第三战俘营之所以选址萨冈有如下几个原因。首先，萨冈位于欧洲占领区的中心地带，侥幸逃出的战俘需要长途跋涉才能到达中立国——瑞典、西班牙和瑞士是最近的三个中立国；其次，当地的沙质土壤不适合挖地道——这种土质下挖出的地道非常容易坍塌。此外，下层土壤为黄色，与表层的灰色尘土明显不同，倾倒泥土很容易被警卫发现。同时，这种泥土若沾到衣服上，也十分显眼，很容易就暴露了他们在挖地道的事情。第三战俘营本身的设计也不利于挖地道，战俘居住的小屋高出地表60厘米，挖地道很容易暴露。此外，战俘营周围都埋下了地震传声器，尽管埋藏深度较浅，但却能监测到挖掘的声音。

第一次成功越狱是在1943年10月，战俘用一个木制的体操鞍马为掩护，他们利用跑动、跳跃和落地的声音使地震传声器无法监测到挖掘的声音。鞍马就放在靠近围墙的地方，有效减少了地道的长度。

接下来的一次越狱行动只成功了一部分，英国皇家空军的中队长罗杰·布谢尔在1943年春季策划了这次越狱——如今被称为"大逃亡"。罗杰计划挖掘三条又深又长的地道，并将其命名为汤姆、迪克、哈里。罗杰认为，如果德国人发现了其中一条地道，他们就会放松警惕，绝对想不到还会有另外两条。他计划协助200多名战俘逃亡。为了解决高出地表的宿舍带来的麻烦，汤姆和哈里的入口分别选在两个野营用炉的下方，所以不得不穿过炉子的混凝土底座——底座非常厚，从宿舍的地面一直延伸到地表，足足60厘米，用鹤嘴锄来完成这项工作要耗费数小时。迪克的入口位于厕所的排泄槽当中。为了躲避地震传声器的监测，地道都位于地表9米之下。

地道的宽度和高度都只有60厘米，这是因为地道的支柱材料——战俘床垫下的床板——只有60厘米长，20厘米宽。每条地道里都有木质铁路，铁路沿线有拖运点，可以从这里出发用绳子拖着小型木头卡车或是手推车沿铁路前行。地板下面，空奶粉罐做成的通风系统首尾相连，还有皮包做成的风箱泵。

迪克原本计划好的出口处因为兴建新的建筑，树木被悉数砍光，所以便废弃了。此后，迪克就用来堆放其他两条地道挖出的泥土，储存大量逃亡用的服装，存放伪造的文件以及从德国人那里偷来的设备。此外，迪克也是战俘的工作间。1943年夏季，汤姆暴露，所以战俘将所有注意力都集中在哈里上。哈里于1944年3月完工，总长度102米。但它还不够长，没有按计划到达围墙外数米远的树丛，越狱者很容易被发现。

1944年3月24、25日晚上，越狱正式开始。一共有76人经地道逃出，但随后警卫就发现地道出口处躺着一个人——出口离树丛还有一段距离。最终只有3人成功逃离，剩余的73人当中，有50人被盖世太保杀害，17人重返萨冈，4人被送往萨克森豪森集中营，还有2人被送往科尔迪兹集中营。

对页图：哈里地道里的手推车。1944年3月24、25日晚上，共有76名战俘通过哈里逃亡。一个由考古学家和老兵组成的团队发掘出这条地道，并修复了其中部分区域，他们于2011年拍摄了这张图片

上　图：修复后的地道

75 艾森豪威尔未发出的消息

尽管德怀特·戴维·艾森豪威尔（外号"艾克"）将军对1944年6月6日跨越英吉利海峡的战役——"霸王行动"①（Operation Overlord）——信心满满，但是身为盟军在欧洲的最高统帅，他还是忍不住为登陆而忧心忡忡。艾森豪威尔将军在学校时专攻战争史，后来又作为指挥者在欧洲战区历练了两年时间，所以他非常清楚，即便是一个天衣无缝的计划也很容易变成一场灾难，这种情况下要扭转战局难如登天，除非敌军犯下更严重的错误。

艾森豪威尔的战争生涯当中，大部分时间都在学习如何策划大型作战行动。尽管盟军登陆事宜已经经过大量细节筹备，最后简化为在哪儿登陆的问题，但是艾森豪威尔将军还是面临着令人胆怯的不确定因素，只有愚蠢到病态的乐观主义者才不会将这些事情放在心上。6月的第一个星期当中，最高统帅艾森豪威尔面临着不确定的天气因素。此外，他也担心登陆前德国装甲师在诺曼底的动向，担心空袭和海军的炮火攻击。他意识到，自己应该给盟军的三个空降师发送一则消息，提醒他们注意潜在的危险。他仔细考虑了所有风险，但是还是对他的副官说道，"真希望上帝知道我在做什么"。在严肃但不失友好的外表下，艾森豪威尔担心"霸王行动"会失败。

6月4日，艾森豪威尔与他手下的英美高级将领以及首席参谋开了一个长会，之后，艾森豪威尔因天气缘故将原本定于6月5日的登陆推迟。他在得到更多天气预报后，又在6月5日下午4点15分再次召集相关人员在绍斯威克宫（Southwick House）的指挥部开会，绍斯威克宫就在朴茨茅斯以北。气象学家和英国皇家空军上校J.M.斯塔格向艾森豪威尔报告了近期的天气情况，说明6月6日将会有微风和小雨。如果再次推迟登陆行动，远征军就必须等待数个星期，才能够等到更加适合的浪潮、月相以及天气。大家的一致意见就是"行动"。艾森豪威尔踱来踱去地思考了一分钟时间，之后他说道："好，我们行动。"

至此，艾森豪威尔能做的就只有等待6月6日的登陆和伞降结果了。处理日常文件时，艾森豪威尔焦躁不已，只好不停地抽烟、喝咖啡，以缓解自己的压力。6月5日下午，他就登陆万一失败的情况写了一份简短的声明，在声明中他将失败的所有罪责都揽到自己身上。但即便到了这个节骨眼上，他也没有提交辞呈，这从侧面说明了他对自己指挥水平的信心。他将纸条放在钱包里，一个月之后才将它拿出来交给副官，但纸条上的信息已经被胜利的消息所掩盖。

上　图：尽管艾森豪威尔缺乏大型作战的经验，但具有人格魅力，与人和善，这让他成为一名天生的指挥官

下页图：盟军登陆的前一天，担心登陆失败的艾森豪威尔将军飞快地写了一份声明，将所有罪责都揽在自己身上。声明最末，他将6月5日误写为7月5日，由此可见他当时紧张焦躁的心情

---

① 即诺曼底登陆战。——译注

Our landings in the Cherbourg — Havre area have failed to gain a satisfactory foothold and I have withdrawn the troops. ~~This particular~~ My decision to attack at this time and place was based upon the best information available. The troops, the air and the Navy did all that Bravery and devotion to duty could do. If any blame or fault attaches to the attempt it is mine alone.

July 5

76 虎式坦克

人们普遍认为，虎式坦克是德国为了对付入侵苏联（1941年6月22日）时遭遇的苏联装甲部队（尤其是T-34和KV-1重型坦克）而研制生产的，但事实并非如此。四号坦克、虎Ⅰ型坦克早在1941年5月26日就已经问世。遭遇苏军KV-1和T-34坦克的德国人震惊不已——这两款坦克比德国当时所有的坦克都好，遭到刺激的希特勒命令加快虎式的生产速度，以应对苏军的重型坦克。与此同时，他还下令生产一款中型坦克，以应对苏军的T-34，这款中型坦克就是Panzerkampfwagen V豹式坦克，当时世界上最出色的中型坦克。尽管豹式声名在外，但毫无疑问，虎式依然是最让人畏惧的坦克。

虎式坦克重达57吨，装配了一门88毫米主炮和两挺7.92毫米机枪。光88毫米主炮就足以令无数盟军坦克组乘员感到绝望与恐惧，加上它的机动性，虎式坦克成了一件可怕的武器。虎式坦克正面装甲厚100毫米，虽然它的最高时速只有37千米，但德国人绝妙的宣传依旧为它赢得了令人畏惧的名声。和其他德国坦克一样，虎式也使用汽油发动机。虎式坦克乘员组包括5人：车长、驾驶员、炮长、填装手以及通信兵。携带大约80发88毫米炮弹的情况下，虎式坦克能够长途奔袭190千米左右（在不同的地形和战斗形势下，具体数据会略有不同）。

虎式和豹式都能在900米开外甚至更远的距离消灭任意一款英国和美国坦克；而要击毁一辆虎式或者黑豹，英美坦克必须击中其履带或者使其瞄准镜损坏失灵，但通常情况下，虎式坦克都几乎不会被击毁——除非是被少数搭载17磅炮的英国坦克或者火箭炮击中。英国人和美国人对虎式坦克的恐惧情绪被称为"虎式恐惧症"。有消息称，曾有5辆谢尔曼坦克去围歼1辆走投无路的虎式坦克，虽然最后成功了，但只有1辆谢尔曼生还。

1944年6月13日的诺曼底维莱博卡日战斗中，虎式坦克的致命性在王牌坦克手手中得到完美演绎，党卫军第一〇一重型坦克营二连指挥官迈克尔·魏特曼就是这样一位佼佼者。魏特曼当时是党卫军排名第一的坦克手，在苏联战场击毁了119辆装甲车辆。他的连队在维莱博卡日只有5辆虎式坦克，英军第七装甲师奉命夺取这个镇及其所属高地。

英军的先头部队穿过了维莱博卡日并在高地前停了下来，魏特曼命令4辆虎式坦克原地坚守，他本人则指挥自己的座驾前往英军装甲运兵车的线路，并将其悉数击毁。在维莱博卡日战斗中，他击毁了9辆坦克。然而，在一个极易受到反坦克武器攻击并且没有步兵支援的村庄，他的虎式坦克最终被一门17磅反坦克炮击毁，他和他的乘员组跳出坦克，步行回到连队。到此时，魏特曼手中剩余的4辆虎式坦克终于起到作用。战斗到最后，英军第七装甲师的先头部队损失殆尽，一共损失了60辆装甲车辆。魏特曼仅凭5辆虎式坦克就让英军著名的第七装甲师"沙漠之鼠"遭受了重大损失。

对页图：首个装备虎Ⅱ型坦克的营队中，排成直线的虎Ⅱ型坦克。虎Ⅱ型坦克于1943年下达订单，1944年5月首批交付，这种虎式坦克拥有倾斜的装甲板，重新设计的炮塔拥有弧形装甲，能够装配威力更大的71倍口径身管88毫米口径炮。虎Ⅱ型坦克轻松淘汰掉它的对手，但是由于产量太少，未能对战争的结局产生重大影响

上　图：虎MK I型坦克，它拥有平直的正面装甲和炮塔前部装甲

77 帕帕斯基的私人部队的徽章

帕斯基的私人部队以星盘为帽徽，又被称为"第一远程爆破中队"（Number 1 Long-Range Demolition Squadron）。其设立者和队长弗拉迪尔米·佩尼科夫是一位具有俄国血统的比利时流亡者，他本人经历复杂，有过不光彩的历史，还有非常神秘的背景，第一次世界大战期间，他的经历尤为神秘。一战中，弗拉迪尔米曾在剑桥大学待过一段时间，他在此期间表现得像是一位和平主义者。他后来宣称，自己在战争的后半阶段加入了法国军队。1924年到第二次世界大战爆发前，他在埃及一家制糖厂工作。到1939年，42岁的他已经成为一个坚强而强壮的男人，并且成功成为阿拉伯利比亚军队（LAF）的一名连长。阿拉伯利比亚军队由塞努西教团的阿拉伯人构成，他们从昔兰尼加境内意大利人的压迫下逃出来。

后来，弗拉迪尔米成为阿拉伯利比亚突击队（LAF Commando）的指挥官——阿拉伯利比亚突击队隶属于阿拉伯利比亚军队。弗拉迪尔米和手下的22名塞努西部落成员以及1名英军军士在昔兰尼加的绿山地区展开情报收集工作。弗拉迪米尔依靠英国远程沙漠部队进行运输，并且十分欣赏这支队伍。他在战场上无所畏惧，深受士兵尊敬，手下的士兵对他的畏惧超过爱戴。在和远程沙漠部队工作时，他获得了"帕帕斯基"的绰号。

1942年9月，帕帕斯基在利比亚东北部巴尔卡的一次空袭中受伤，约翰·山·哈克特中校在开罗见到他时，他状态十分萎靡。在他伤病期间，阿拉伯利比亚突击队被解散。哈克特当时负责协调盟军驻开罗总司令部的特别行动，他组织了一支专门从事破坏工作的吉普车部队，并交由帕帕斯基指挥。哈克特将其命名为"第一远程爆破中队"，但他私下宣布，这支部队是"帕帕斯基的私人部队（PPA）"。

帕帕斯基的私人部队组建好的时候，沙漠里的局势已经发生了重大变化，蒙哥马利对敌军的攻势正如火如荼，帕帕斯基的私人部队很少有发挥余地。绿山远在身后，而帕帕斯基在突尼斯——战斗进行的地方——又没有当地联系人。尽管如此，帕帕斯基的私人部队还是收到在意大利境内的敌军后方进行吉普车巡逻的任务。开始的时候，他的行动无一例外全部失败了，突破意大利境内的德军防线几乎是不可能完成的任务。尽管如此，帕帕斯基的私人部队还是没被解散。意大利的许多人都认为，帕帕斯基的私人部队之前在沙漠中的传奇表现抵消了它这段时间的拙劣表现。部队之外很少有人知道，帕帕斯基的私人部队在非洲的服役生涯有多短暂，成绩有多渺小。帕帕斯基愚弄英国军队系统的本事和他在沙漠中突破德军防线的本领同样高超。

在此阶段，所有事情都脱离了正确的轨道，但帕帕斯基还是凭借他的吉普车，从当时号称"不可通行"的山区地带，成功渗透到德军后方。帕帕斯基的私人部队和游击队联手作战，杀死数百名敌军，己方仅一死三伤。随后，帕帕斯基的私人部队在战役的最后九个月中表现良好，他们在敌军后方不远处，与第十二、第二十七轻骑师的装甲车辆一起作战，承担起敌后侦察的任务。1944年12月初，帕帕斯基的私人部队成为首个进入拉文纳（意大利城市）的部队。不久之后，帕帕斯基在战斗中失去了一只手。帕帕斯基的私人部队在另一名元老——吉恩·卡奈利少校的指挥下，参与了战斗最严峻的阶段，并一直战斗到最后。它最令人骄傲的成绩就是攻下了一座装备88毫米火炮的炮台，并俘虏了里面的300人。轻便、机动性强的吉普车，猛烈的火力，以及帕帕斯基与意大利人搞好关系的能力，使帕帕斯基的私人部队成为当地一支珍贵的部队。

对页图：战争末期，V.佩尼科夫·DSO.MC中校（即帕帕斯基）在意大利境内驾驶吉普车。他在战争中失去了左手，所以安装了一根钩子替代。坐在他旁边的是他的炮手R.科克斯下士

上　图：弗拉迪尔米·佩尼科夫选择行星盘作为"第一远程爆破中队"的徽章，它的另一个名称，"帕帕斯基的私人部队"更加出名

78 血浆

为了拯救服役人员的性命，美国陆军医疗部（US Army Medical Department）采用了许多医学创新的产物，其中最重要的当属血浆。血浆可用来治疗休克和外伤导致的失血过多，在战场上拯救了数千名士兵的性命。美国陆军部认为，血浆、磺胺类药物、疟疾平以及吗啡是第二次世界大战当中用量最大的药品。

20世纪30年代末，来自纽约哥伦比亚医学中心的血液学专家查尔斯·德鲁博士尝试用血液中的液体部分来替代纯血液进行输血——血液中的液体部分就是我们所说的血浆，它在血液中占比55%；血浆里面不含红血细胞和白血细胞，90%都是水，另外10%则由白蛋白、球蛋白以及纤维蛋白原组成；血浆能够帮助血液凝结，抵抗感染，还能维持血压。血浆的独特魅力在于，它的完整保存时间长于血液，能够冷藏保存运输，还能够制成粉末状，在需要时再将其复原。身处前线的美国士兵和献血者之间相隔千万里，所以美国红十字会就招募献血者献血并对血液进行加工。由此开始，如何研制便于携带的血浆就成了医学研究的重点。

各个军队的医疗部纷纷采用血浆给伤者输血，血浆因此供不应求。红十字会一共向军队输送了1 300万份血浆，最后只剩下130万份，其余全被用光。关于血浆的改进意见大部分都集中在液体血浆的外包装以及输入人体的方式上。问题之一就在于标签以及输液悬挂设备（包括血浆瓶、血浆罐以及血浆袋）的颜色。即便是装血浆的盒子在运输途中也裹满了白色胶带和标签，日本军队的狙击手就以这些白色胶带为指示物，射杀医务人员和伤员。所以，后来血浆及相关设备都覆盖了橄榄色的伪装。

战争末期，德怀特·戴维·艾森豪威尔将军对红十字会及献血者提出表彰，他们为拯救数千名美国士兵的性命做出了巨大贡献。正如艾森豪威尔将军所言，血浆是其中关键的一环。

上　图：1944年，意大利，一名美国士兵在敌军防线后方输血浆

下页图：1944年5月，意大利安齐奥沙滩上的盟军司令部，英国运转医院的血液库里，塞缪尔·阿瑟顿下士接过装有血浆的容器

79 贝雷桥

第二次世界大战当中，战争双方经常需要在河流或深谷上搭建桥梁，原因可能是因为原有的桥梁被摧毁，或者是一方军队想要穿过原本没有桥梁的地方，突袭敌军。在战区，搭建桥梁的速度越快越好，工程师一直致力于将桥梁的建筑速度和重型车辆通过能力相结合。第二次世界大战当中，贝雷桥在这两方面都取得长足进步。

1942年初，来自英国军事工程试验部（British Military Engineering Experimental Establishment）的唐纳德·贝雷发明了贝雷桥，将桥梁的建筑速度和重型车辆通过能力完美结合。英国军事工程试验部位于多塞特郡的克莱斯特彻奇市。贝雷桥的大梁由一模一样的钢格板组成，钢格板之间由钢筋相连。每根大梁都可以使用双倍或三倍的钢格板，以增强其长度和韧度。桥墩之间距离较远时还可使用双层结构，桥梁的下横梁上可以铺设车道。桥梁的整体结构由辊压机使用平衡锤进行搭建。

1942年11月26日，贝雷桥在北非战场上投入使用，突尼斯的迈贾兹巴卜附近的迈尔杰达河上搭起了世界上首座贝雷桥。贝雷桥遂成为美国和英国陆军的主要架桥设备，后来在苏联陆军中也是如此。在宽阔的河流上搭建桥梁时，军队一般使用浮舟，或将船只抛锚，固定在河面上，使之首尾相连，横跨河流。贝雷桥就在"船只构成的桥梁"上开始搭建工作。英国人和苏联人使用木质浮舟，美国人则使用更加便于运输的可充气橡皮艇，但橡皮艇也更容易受损。搭建承重9吨的桥梁时，英国人使用便于运输、同时也十分轻便的可折叠划艇；桥梁承重在70吨（含70吨）以上时，则使用浮舟作为搭建工具。

贝雷桥的零部件由卡车运送。即便遇到障碍，零部件也能运送过去，桥梁也能成功得以搭建。车队出发前最好发出需要架桥设备的通知，以便运载着桥梁部件的卡车能排在运输车队前列。这一点在"市场花园行动"（Operation Market Garden）中得到证明。"市场花园行动"于1944年9月开展，旨在占领数条河流和运河上的通道，包括阿纳姆市莱茵河上的桥梁。9月18日上午，德国人轰炸了艾恩德霍芬以北臧恩运河上的桥梁，切断了盟军前进的通道。运输车队行驶在十分狭窄的道路上，而装载着贝雷桥零部件的卡车又排在车队最后，所以卡车最后只好驶向艾恩德霍芬宽敞的街道，但那里却挤满了庆祝解放的荷兰人。最终，桥梁部件还是成功到达，桥梁顺利建成，护卫装甲师的坦克也得以通过运河。但是，无法及时在臧恩运河上搭建贝雷桥，使得英国第一空降师难以固守阿纳姆大桥以待援军支援。

1945年3月，英美军队横渡莱茵河的战役中架起了规模最大的贝雷桥——不过，每个战区中都不乏贝雷桥的身影，它有时候也以渡桥的模样出现，桥梁的各部分都架在浮舟之上。在横渡河流的初始阶段，桥梁的主要部分还在搭建时，这是装甲车通行的有效方式。在意大利和西西里岛，英国人和美国人架起3 000多座贝雷桥，其中最长的一座位于桑格罗河上，长343米。第十四军在前往伊洛瓦底江和曼德勒的途中，在钦敦河上修建了一座352米长的贝雷桥。

下页图（上）：英国陆军第八军的卡车穿过意大利桑格罗河上的贝雷浮桥

下页图（下）：德国军队在意大利撤退时，将桥梁炸毁；盟军在残留下来的桥墩上，搭起一座贝雷桥

80 两栖运兵车

两栖运兵车，代号为"鸭子"，是盟军地面部队使用的非战斗性沙滩登陆车，也是一款两栖车辆。两栖运兵车没有足够的装甲，上方也没有遮掩物，所以它并非两栖登陆车那样的战斗车辆。两栖运兵车实际上是一辆2.5吨重的卡车，车上装备了推进器和船体（包括船底排水泵），所以登上陆地之后，它能够依靠车轮将货物运送至内陆目的地。

第二次世界大战期间，通用公司和其他卡车制造商一共生产了逾25 000辆两栖运兵车。其中大部分都分配给了美国陆军工程营和交通营，但海军和海军陆战队也使用两栖运兵车作为太平洋滩头阵地上的后勤车辆。二战的每个战区当中，英联邦部队都使用两栖运兵车。

基础款的两栖运兵车重8吨，有6个充气式轮胎，有效载荷可达2 500千克。卡车装备了标准的90马力六缸卡车发动机，水中最高时速可达9.7千米，陆上最高时速为80千米，行程282千米。车体由专门生产驳船和工作艇的斯帕克曼&斯蒂芬斯公司（Sparkman & Stephens Inc）生产，卡车上没有永久的武器装备位。

若将两栖运兵车用于战术目的，其结果往往不甚理想。其中最糟糕的例子发生在诺曼底登陆日盟军登陆奥马哈海滩时。当时，第五集团军试图用两栖运兵车运输6个105毫米榴弹炮连台。汹涌的海浪和沉重的物资导致运兵车失衡，车上的17门火炮以及炮手们全部沉入大海。被分配给美国陆军两栖特种旅（US Army Amphibious Special Brigades）的两栖运兵车则发挥出自身的最大优势，它们被用来执行登陆再补给任务、拆除任务以及沙滩清障任务，有时也用作紧急救护车。

虽然两栖运兵车不是运输战斗部队的车辆，但它们在服役过程中的表现也十分令人瞩目。美国海军和英国皇家海军的登陆部队用两栖运兵车来救援在水中突然横转的小型船只，以及牵引受海浪冲击而失速的车辆。在登陆战当中，它还是一款优秀的移动无线电台。它在柔软沙滩上的行驶能力使它成为在滩头阵地执行紧急任务的首选车辆。直到如今，两栖运兵车还被用来搭载游客，从水上、陆上欣赏美丽风景。

上　图：宣传美国"鸭子"的英国海报
下页图：美国伊利诺伊州谢里登堡的两栖运兵车。这种车辆设计于1942年，在地中海战役、太平洋战役以及诺曼底登陆战的两栖作战中，被用来运送士兵上岸

81 爆破筒

早在第一次世界大战前,爆破筒就已经投入使用。1912年,英国皇家工程兵R.L.麦克林托克上尉发明了爆破筒——麦克林托克上尉当时驻扎在印度的班加罗尔,隶属于不列颠印度军队的孟加拉工兵和矿工部。1913年3月,麦克林托克上尉在《皇家工程兵杂志》(Royal Engineers' Journal)上发表文章,阐述爆破筒的细节构造。爆破筒由一根细小的金属管构成,里面装满了炸药。爆破筒的设计初衷就是用于敌军的带刺铁丝网下,将其引爆之后,爆炸会在铁丝网中开辟出一条道路来。根据记录,爆破筒的首次使用是在第二次布尔战争(1899—1902)以及日俄战争(1904—1905)之后,它被用来清理战争遗留下来的障碍和简易陷阱。

第一次世界大战当中,爆破筒被广泛用于在带刺铁丝网下清理道路,在西部战线尤其如此。第二次世界大战当中,爆破筒也用来在雷区中开道。

二战当中使用的爆破筒由直径为3.8厘米或是5厘米的轻便钢管构成,钢管分为数节,每节长2.4米,里面装有4.5至5千克炸药。将一节一节的钢管连接起来,可以深入障碍物内部。上一节钢管插入障碍物当中后,又将下一节安装上,如此,整根钢管都得以进入障碍物内部。爆破筒顶部有子弹形状的保护帽,使其更容易伸入铁丝网当中;钢管底端则有由延时引信触发的引爆器。在不同的地形、不同的灌木丛等条件下,长度超过7.3米的爆破筒很难操作,所以较为厚实的障碍物就必须实行分段爆破。爆破筒能够在铁丝网或反步兵雷区中炸出一条3至7米宽的通道;具体的宽度取决于障碍物的密度以及地雷的种类。

虽然步兵突击队、美军游骑兵部队和英国"哥曼德"突击队都接受过如何使用爆破筒的训练,但爆破筒通常还是被人们视作专业工程设备。二战的每个战区中都有爆破筒的身影,但它们最著名的战绩还是在1944年6月6日,盟军登陆奥马哈海滩的战役当中。美国第五军的士兵被德军火力困住——德国军队当时位于海滩边一处45米高、能够俯瞰整片海滩的悬崖上。盟军的步兵只能通过狭窄的溪谷登上沙滩,但那里到处都是敌军设下的带刺铁丝网和反步兵地雷。美国突击队员最终还是在障碍物当中炸出一条路来,并登上悬崖,与敌军交战。电影《拯救大兵瑞恩》(Saving Private Ryan,1998)使他们的行动被世人铭记。

爆破筒装在盒子当中,有时会对附近的人造成威胁。斯科特·怀特中尉,达勒姆轻步兵团第九营的一名排长——达勒姆轻步兵团当时属于蒙哥马利元帅的第八军——参与了1943年3月突尼斯境内的马雷斯战役。他回忆说,"一到攻击开始时间,战斗立马打响。我们从一开始就遭到敌人的炮火攻击,搭载着工兵和爆破筒的卡车被炮弹击中并发生爆炸"(根据帝国战争博物馆有声档案)。

如果没有爆破筒,士兵可以立即动手,现场制作:支撑带刺铁丝网的角钢桩子长2米,将两根桩子用铁丝连在一起,就制成了一根管子,里面可以填装塑性炸药。雷管和导火索可将其引爆。虽然,这种爆破筒不如军工厂生产的爆破筒有效,只能用于小型障碍物,但聊胜于无。

下页图:战斗工兵将爆破筒伸入敌军的带刺铁丝网当中,以便为向前行进的步兵炸出一条道路

82 高脚柜炸弹

1943年5月开展的鲁尔水坝轰炸行动中,巴恩斯·沃利斯设计的圆柱形弹跳炸弹取得成功。之后,英国皇家空军——他们原本一直拒绝接受巴恩斯设计的大炸弹——重新对巴恩斯的设计燃起兴趣。于是巴恩斯开始设计"大满贯"——一种重达1万千克的巨型炸弹,也是战争中使用过的最重的炸弹。"大满贯"长7.7米,直径1.2米,里面装有4 145千克铝末混合炸药。

在"大满贯"服役之前,巴恩斯·沃利斯研制出"大满贯"的小型版:5 445千克重的高脚柜炸弹,它和"大满贯"的设计原理基本一样。高脚柜炸弹和"大满贯"都属于深侵彻炸弹。高脚柜炸弹长6.4米,直径0.97米,里面装有2 540吨铝末混合炸药。高脚柜炸弹外形呈流线型,下降速度可与声速媲美;呈一定角度的尾翼使它在下降过程中能够高速旋转。和螺丝锥的原理一样,旋转能够增加其重力作用和下降速度,从而得以穿透5米厚的混凝土。此外,点火时间最高可延迟11秒。如此,炸弹在穿透目标之后方才爆炸,爆炸产生的冲击波能够在目标内部造成巨大破坏,附近的建筑物和设施也会因此而坍塌。

只有经过改进的兰开斯特轰炸机能够运载这种炸弹,且一次只能装运一枚。高脚柜炸弹首次用于战术目的是在1944年6月8、9日晚上,第六一七轰炸中队的兰开斯特轰炸机对索米尔铁路隧道发起进攻。这次空袭计划仓促,选定的进攻目标靠近铁路线。当时,盟军在诺曼底新设立了桥头堡,德国的装甲部队赶来增援,空袭铁路线是为了拖住德国增援部队的脚步。一枚高脚柜炸弹穿透隧道的顶部,爆炸产生的大量废墟将铁路线阻断了好几天。

第二次世界大战当中,英国皇家空军轰炸机指挥部一共投下了854枚高脚柜炸弹,其中77枚都是在1944年9月到11月之间被投下,轰炸目标是德国战列舰"提尔皮茨"号。其中最为成功的一次轰炸是在11月12日。从1941年2月"提尔皮茨"号完工到其被炸毁这段时间里,英国皇家空军、海军航空兵以及潜艇一共对"提尔皮茨"号发起了不下十次攻击。这十来次轰炸虽然对"提尔皮茨"号造成了一定损伤,但却没能使之沉没。

1944年9月15日,英国皇家空军利用高脚柜炸弹对"提尔皮茨"号战列舰发起袭击,使之不能出海航行,被拖回德国特罗姆瑟的锚地。同年10月29日,"提尔皮茨"号再次遭到高脚柜炸弹的轰炸,并身受创伤。终于,1944年11月12日,第九和第六一七轰炸中队的兰开斯特轰炸机三次命中"提尔皮茨"号,爆炸产生的烟尘和蒸汽在水上升腾,"提尔皮茨"号开始沉入水中,几分钟之后它开始倾覆,只有船体还残留在水面上。

1945年3月14日,第六一七轰炸中队首次使用"大满贯"炸弹对北勒费尔德的高架桥进行轰炸,"大满贯"炸弹产生的"地震波"使高架桥坍塌了9米多长。对不来梅附近的海军船坞进行的一次轰炸当中,两枚"大满贯"炸弹穿透了4.2米厚的钢筋混凝土。第二次世界大战当中,一共投下了41枚"大满贯"炸弹,其中大部分是针对桥梁和高架桥。当时的轰炸精准度不能确保炸弹能直接命中这样细长的建筑,但是有了"大满贯"之后,精准度根本不重要了。即便"大满贯"炸弹最后没有命中目标,而是落在目标近旁,爆炸产生的地震波效应也能使桥梁或高架桥部分坍塌,具体效果根据土质不同而略有差异。

对页图：降落中的高脚柜炸弹

上 图：为了对法国维泽讷境内的V导弹发射场进行轰炸，英国皇家空军第六一七轰炸中队将一枚高脚柜炸弹从炸弹库装上兰开斯特轰炸机

83 格鲁曼F6F地狱猫战斗机

1943年初,格鲁曼公司生产的F6F地狱猫战斗机加入美国太平洋舰队,并取代F4F野猫式战斗机,成为海军的制式舰载机。首个装备地狱猫战斗机的中队被分配给了美国海军的新级别航母"埃塞克斯"号,1944年到1945年间,这艘33 000吨的战舰成为太平洋战场上最具战斗力的舰只。作为一款用来争夺制海制空权、对抗日本A6M(零式战斗机)的战斗机,地狱猫在这些方面显得游刃有余。地狱猫装备了一台2 000马力的普惠发动机,体形较重——最大起飞重量6 800千克。它的常规武器配置包括6挺安装在机翼上的12.7毫米机枪;也可以将机枪拆除,挂装炸弹或者火箭弹以攻击舰船和陆上集群目标。

在航母上起降时,海军飞行员因为驾驶舱的能见度问题首选地狱猫而非F4U海盗式战斗机。战争期间,格鲁曼公司生产了6 500架最终改进型的F6F-5,以及1 200架装备了特殊电子设备的夜战型F6F-5N。地狱猫各种型号的总产量达12 275架。美国海军和海军陆战队都声称,他们的飞行员驾驶地狱猫击落了5 156架日军飞机,这在海军空战获胜战绩中所占比例达到75%。

菲律宾海空战(1944年6月18—20日)是太平洋战争中规模最大的战役,地狱猫战斗机在其中扮演了核心

上 图(左):1943年11月,马绍尔群岛和吉尔伯特群岛战役期间,一架从美国军舰"列克星敦"号上起飞的格鲁曼F6F地狱猫战斗机

上　图:战斗中的F6F地狱猫战斗机

角色。拥有15艘航母的美军第五十八特混舰队与一艘日本航母,以及一支包括500架飞机的日本陆基飞行队展开战斗。单是6月19日一天,美军的500架地狱猫战斗机以损失29架的代价,击落了大约400架日本帝国海军的航母舰载机。第二天,地狱猫又掩护俯冲式轰炸机和鱼雷轰炸机击沉了日军一艘重型航母。在此之后,美国能够以日本人无法企及的速度补充飞行员、战机和航母,日本海军航空兵不再是美军面临的主要对手。

由于地狱猫战斗机坚固耐用,并且有装甲保护飞行员和油箱,所以较之于更加快速灵活的零式战机,它们在空战中的生存率更高。大约有1 000架地狱猫战斗机在英国皇家海军舰队航空兵部队中服役;到第二次世界大战末期,地狱猫还加入了法国海军航空兵部队。

84 DD 水陆坦克

DD水陆坦克（Duplex Drive Tank）问世时刚好赶上了诺曼底登陆战。它的出现是为了让海滩上的登陆部队能尽早获得装备高速火力的装甲支援，以对付德国人布下的强大的防卫工事。DD水陆坦克的原型为谢尔曼坦克，在陆地上能够依靠履带前行，在水中则凭借底部的两个螺旋桨行进。坦克四周覆盖帆布围帐，将围帐升起时坦克就可漂浮在水面上。登上海滩后，就将围帐降下，以便坦克能够使用火炮。

英国是首个利用"德翠克"轻型坦克研制出"漂浮"坦克的国家，1941年6月，英国的漂浮坦克在布伦特水库进行试验。经过海面测试之后，英国利用这项先进技术生产出首辆战斗坦克原型，但这次使用的坦克原型是瓦伦丁坦克。培训乘员使用的瓦伦丁坦克，其中有部分沉没水中，甚至有乘员连同坦克一起沉下去。风险最大者就是坦克驾驶员，因为驾驶员座舱十分窄小，要迅速从座舱中爬出来十分困难。坦克乘员装备了紧急呼吸设备，所以他们有5分钟的"窗口期"从坦克中爬出来，并浮出水面。此外，瓦伦丁坦克若想将围帐升起，就必须让火炮炮口朝后。所以，最后选择了谢尔曼坦克担当这个角色，因为它可以在炮口朝前的情况下将帆布幕升起，到达海滩时可以马上开火。

帆布围帐的底部固定在金属框当中，金属框则焊接在坦克外壳上；围帐上有水平状的金属环以及垂直的橡胶管；围帐依靠压缩空气充气，能够在15分钟之内膨胀起来，到达海滩之后能迅速收缩起来。一些部队登海滩之后立马扔掉围帐，但也有部队将其保留在坦克之上。在内陆地区，DD水陆坦克通常用于支援步兵，1944年6月6日，盟军的诺曼底登陆战以及后来的战役中都有降下围帐的DD坦克的身影。DD水陆坦克在水中的航行时速约为7千米（4节）。驾驶员听从指挥官号令，使用特制的液压系统使螺旋桨旋转起来。指挥官站在炮塔内的平台上，能够从围帐上方往外看。必要的时候，还能通过舵柄改变驾驶员的操作。

按计划，诺曼底登陆战当中所有的DD水陆坦克都应该在距离海滩3千米远的地方，从坦克登陆艇的艏门跳板入水，将围帐幕升起，浮渡至海滩上。DD水陆坦克应该首先到达海滩，之后再是皇家工兵的装甲工程车，最后才是步兵。除了奥马哈海滩之外，所有的DD水陆坦克最终都登上海滩——虽然海上波涛汹涌，它们成功的程度有所不同；但只有部分DD水陆坦克按照计划，在步兵登陆前到达海滩。DD水陆坦克能够在30厘米高的海浪中航行，但诺曼底海滩外的海浪足有180厘米高。只有部分坦克浮渡到既定的海滩，其余的则在数米远的海滩或浅水中登陆。

奥马哈海滩上，美国海军指挥官选定的低地（登陆艇开始登陆的地方）距离海滩太远，所以登陆艇必须在黑暗中开始登陆行动，他们面临的困惑可想而知。搭载着DD水陆坦克的登陆艇在海中掉队，很多都驶向了指定登陆海滩的两翼位置；或者过早让DD水陆坦克入水，之后自己便掉转船头，一走了之。在距离登陆海滩5 500米远的地方（这个距离太远了），登陆艇一共卸下了33辆DD水陆坦克，其中27辆都淹没于大海当中。英国表示愿意向美国提供皇家工兵装甲车，却遭到美国拒绝。美军没有皇家工兵的装甲工程车，登陆艇又在距离海滩过远的地方开始登陆，艇上大部分火炮都被海水吞没，奥马哈海滩上的美国步兵因此遭受了严重损失。美国步兵只好凭借一腔热血，越过海滩，与沙滩上的守军交火。

接下来，DD水陆坦克在欧洲西北部以及意大利境内的战斗中表现得都极为出色，1944年10月横渡11千米宽的斯海尔德河时，它的表现更令人瞩目。横渡莱茵河（1945年3月23日）、易北河（1945年4月29日），以及波河、阿迪杰河（1945年4月）的战斗中，DD水陆坦克的表现也十分抢眼。

对页图：1944年1月，戈斯波特的第七十九装甲师训练学校里，一架升起围帐的瓦伦丁DD水陆坦克，它旁边是一艘登陆艇

上　图：一辆降下围帐的谢尔曼DD水陆坦克

85 德国集中营的瞭望塔

瞭望塔又称警戒塔，电影或电视剧中的瞭望塔都是一座四周敞开的高脚小屋，通常由木头、金属或两种材料混合使用搭建而成，人们关于瞭望塔的印象多半从此而来。但实际上，纳粹集中营的瞭望塔有多种形制——鉴于纳粹在德国、波兰以及欧洲占领区都拥有相当数量的集中营，这一点不足为奇。德国集中营可分为三种：战俘营、集中营，还有灭绝营。战俘营是其中数量最多的，算上意大利境内的，一共有260座，其中也包括中转营和分营（分营通常用作主营运出劳工的临时营地）；集中营共有23座，灭绝营一共有6座。

集中营是纳粹实现恐怖震慑的工具，早在1921年希特勒就策划好了集中营。集中营原本关押的犯人都是反对国家社会主义（即纳粹主义）的政治犯，但是从1939年开始，德国也将苏联占领区的俘虏关押在这里。开始的时候，集中营由冲锋队掌管，但1934年便由纳粹党卫军接管。虽然集中营里有许多人因为营养不良、疾病、处决、药物试验等而死亡，但它和灭绝营之间还是存在一定区别。比如，贝尔森就是集中营，而非灭绝营。集中营里关押、死亡的人数至今没有准确的数据。登记在册的犯人大约有160万人，有记录可查的死亡人数为45万，但实际死亡人数应该在60万之上。数目都是整数，也从侧面说明这些数字的不精确，但绝没有夸大其词。

灭绝营设立于1941年，目的在于执行"最终解决"（Final Solution）——在德语中叫作Endlösung，第二次世界大战中，600多万名犹太人在"最终解决"的名义下被屠杀。6座灭绝营都设在偏远之地：波兰的德军占领区有5座，分别位于贝尔泽克、切姆诺、索比布尔、特雷布林卡，以及奥斯威辛；苏联占领区有1座，位于明斯克附近的马利-特斯特奈茨。欧洲大约有30万名犹太人经过集中营和死亡行军的荼毒，幸存下来；但被杀害的犹太人占了1939年世界上所有犹太人口的三分之一。

部分集中营，尤其是较老的集中营当中，都有砖石或混凝土结构的瞭望塔，塔下面还建有屋子。达豪集中营中就有这样的瞭望塔——达豪集中营是德国第一所集中营，在希特勒掌权51天后设立。随着更多集中营的设立，这种永久性的建筑，如高脚小屋型的瞭望塔，就变少了。瞭望塔的一个显著特征就是上面有一名或者数名哨兵，他们的工作就是监视集中营里的犯人。根据集中营的性质而定，他们一般配备步枪或是机枪，后者往往更常见。大部分瞭望塔上都有探照灯，还有与中央卫兵室进行沟通的电话。只有少数集中营有瞭望塔。最著名的战俘集中营当属科迪兹堡集中营，但就算它也只是在外围铁丝网的角落里，有一座常规性的瞭望塔而已。铁丝网四周都有配备机枪的岗哨，围墙上凸出的地方也站着岗哨，一到夜晚，科迪兹堡的外墙就笼罩在探照灯的灯光里。

许多集中营在铁丝网内几米远的地方都设有一道约齐膝高的警戒线。踏过这道警戒线的人通常都会被射杀，只有一种情况例外，这种情况或许只可能出现在战俘营当中——警卫发现出逃的战俘后，会出声警告，而战俘听到警告就会很快后退。

对页图：毛特豪森集中营里的瞭望塔，相对而言，这种瞭望塔属于永久性军事设备

上 图：奥斯威辛灭绝营里的瞭望塔

86 霍巴特的马戏团

1943年4月，英国第七十九装甲师在陆军少将珀西·霍巴特的指挥下，接受了一项任务：使用新的装甲战斗车辆进行训练。战斗经验表明，这些新的装甲车在登陆欧洲的初始阶段非常必要。截至当时，扫雷坦克——坦克正面装备有可旋转的钢臂，上面连着铁链——已经在西部沙漠成功帮助军队在雷区清扫道路。1942年8月的迪耶普空袭中，坦克没能离开沙滩。这次失败使在鹅卵石以及柔软沙滩上清除障碍、创建道路的需要开始凸显。

为了克服这些困难，战斗工兵部队应运而生，他们的任务就是利用特殊坦克在未来登陆战中一展身手，这些特殊的坦克叫作皇家工程兵装甲车，简称AVRE。除此之外，它们还被戏称为"霍巴特的马戏团"。"马戏团"也装备有DD水陆坦克，但由于它并非霍巴特的队伍所独有，所以单独为其撰写了一个章节（见本书第84节）。除了螃蟹式扫雷坦克是以谢尔曼坦克为设计基础之外，所有的皇家工程兵装甲车都以重约40吨的丘吉尔步兵坦克为原型。部分皇家工程兵装甲车没有配备火炮，而是配备了炸药筒，能够将18千克重的炸弹投掷到73米远的地方，轰炸建筑物以及水泥掩体中的洞穴。每辆皇家工程兵装甲车都载有24枚"韦德将军"弹——一种弓形的炮弹，重约14千克，专门用来摧毁混凝土障碍物。

为了装备不同的武器设备，皇家工程兵装甲车进行了些许改动，以便应对不同的障碍物。桥梁装甲车上装载的架桥设备能够横跨9米宽的沟壑。部分皇家工程兵装甲车上还装载着束柴、成捆的栗木，以及长长的管子，遇上反坦克壕沟就将这些东西投进去，为通行的坦克铺起一条道路。长122米、直径7.6厘米的管子连接在一起，组成一条长蛇，投放于皇家工程兵装甲车之前，

并将其引爆以清除地雷。皇家工程兵装甲车中有一款铺路坦克，坦克上装有滚轴，滚轴向前转动，将覆盖物铺在地面上，最后将覆盖物从滚轴上剥离。覆盖物一旦铺好，铺路坦克就与之分开，后来的车辆就能在覆盖物上通行——这一招在沙地或是沼泽地带尤为管用。鳄鱼式坦克是一款喷火坦克，它实际上与丘吉尔步兵坦克没什么差别，依然能够使用75毫米火炮，正面的倾斜装甲上还有火焰发射器——就在驾驶员座舱旁边。鳄鱼式坦克后面还拖着燃料输送挂车。

欧洲西北部战役末期，第七十九装甲师又增添了新的特殊车辆：两栖登陆履带车，英国人也将其称为"水牛"（Buffalo）。水牛是美国海军陆战队的杰作，他们根据在太平洋早期登陆战中的经验研制了这款履带车。1944年12月，英国人在瓦尔赫伦岛战役中首次使用"水牛"。1945年3月，横跨莱茵河的行动中也有"水牛"的身影。之后，横渡德国境内主要河流的战役中，也使用了"水牛"——当时，军队从莱茵河出发，前往波罗的海，这次进军在1945年5月才结束。

"霍巴特的马戏团"在诺曼底登陆以及后续的诺曼底战役中扮演了关键性的角色，在横渡塞纳河的行动中亦是如此。占领勒阿弗尔以及布伦的行动当中，使用了大量特种坦克；荷兰战役以及前往莱茵河西岸的行动的许多阶段也不乏"水牛"的身影。皇家工程兵装甲车成为在欧洲西北部战斗的英国部队的"秘密武器"。"霍巴特的马戏团"愿意为美国陆军提供支持，但后者只接受了DD水陆坦克。所以现在此事仍然存在争议：如果他们在战争中使用了皇家工程兵装甲车，那么在登陆奥马哈海滩以及其他战役中，说不定就不会有如此巨大的伤亡了。

对页图：丘吉尔鳄鱼式喷火坦克
上　图：铺路坦克，其原型为丘吉尔步兵坦克

87 M-1加兰德步枪

M-1是二战期间美军步兵的制式步枪,它由约翰·加兰德设计,是美国陆军步兵和海军陆战队的标志性武器。对于人数众多,且相对而言未受多少训练的城镇民兵而言,M-1是一款完美的单兵武器。1957年,最后一支M-1分发给士兵。截至此时,位于斯普林费尔德、马萨诸塞的军方兵工厂和温切斯特的私人兵工厂总共生产了550万支M-1步枪。

M-1是加兰德设计的半自动步枪,它是一款先锋性武器,可以依靠枪栓自动装填弹药而不需要人工操作。当时,手动栓式步枪仍然是全世界步兵的制式步枪——一战当中也是如此情形。但M-1能够一下打光装有8发0.3英寸(7.62毫米)口径子弹的弹夹,其中原因在于,M-1开火时能够将枪管产生的热气用活塞向后排出,然后让其在复进弹簧的帮助下向前并装填一粒新的子弹。当8发子弹全部打光时,空弹夹将会自动脱离弹仓并伴随着"砰"的响声。

作为一款战斗步枪,M-1有许多引人注目的特点。一个训练有素的射手使用手动栓式的斯普林菲尔德步枪能在一分钟内射击10次,而使用M-1加兰德能够将发射速度提升至20发/分钟,是斯普林菲尔德步枪的两倍。相较之于老式武器,M-1几乎没有牺牲精准度,使用概略瞄准具时其射程超过275米,使用瞄准镜时射程能够达到460米。M-1使用的弹药与斯普林菲尔德M1903,勃朗宁自动步枪,勃朗宁M1917、M1919机枪的弹药相同。一些美军士兵发现M-1重达4.3千克,但重量也反映了M-1本身的耐用性;在使用合适的吊索时重量能够减小后坐力。M-1同样易于拆开和清洗:枪托尾部分为两部分,里面有通条、盛装清洁油和润滑油的容器,以及布片和刷子。炮火中产生的尘土附在枪支上,不用把枪支拆开就可以将灰尘刷干净。总而言之,M-1是一款经过士兵实战检验的步枪。

M-1也经常用于其他特殊用途。加装了瞄准镜和爆炸抑制器后,它可以为狙击手所用;使用特制的夹式发射器和空弹筒,M-1还能发射带有稳定鳍的榴弹,使其变成一门小型迫击炮。

M-1成为美军最常见的武器,一个美军步兵组有12个人,其中10个人都在使用M-1;海军陆战队一个作战小组有13个人,10个人都在使用M-1。紧凑型M-1步枪——而非0.3英寸口径步枪——常作为单兵防御武器出现在摩托化、机械化部队当中。一个标准的美军步兵师有大约14 000名军官和士兵,他们的装备清单上有超过6 000支M-1步枪。

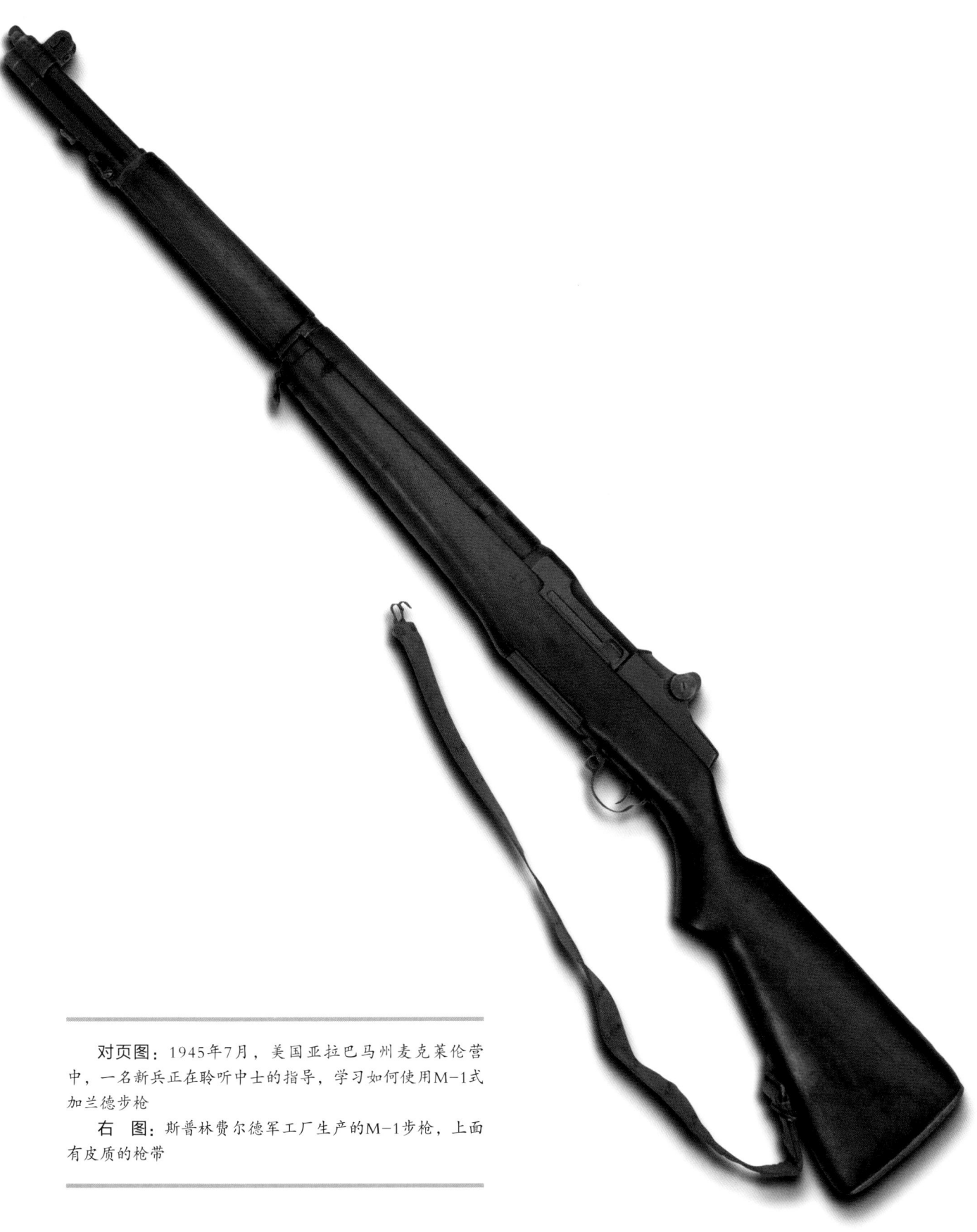

对页图：1945年7月，美国亚拉巴马州麦克莱伦营中，一名新兵正在聆听中士的指导，学习如何使用M-1式加兰德步枪

右　图：斯普林费尔德军工厂生产的M-1步枪，上面有皮质的枪带

88 "桑树"人工港

盟军占领欧洲面临着诸多困难,其中之一就在于,盟军无法攻下一个完整无损的港口,以便在登陆开始后的几天或者几周内尽早为盟军军队提供支持。由于天气恶劣,运往沙滩的物资可能会延期到达,甚至在半途停下。早在1942年,丘吉尔就已经向海军中将路易斯·蒙巴顿勋爵——当时联合作战的总指挥——发出通知,让他设计一款能随波浮动的防波堤。丘吉尔总结道:"不要对此有异议,困难自己要会解决。"直到一年之后,这个问题才得以解决。约翰·休斯-哈利特上尉当时是蒙巴顿将军的参谋,1947年,他在写给土木工程师的信中如此说道:

> 你过高估计了蒙巴顿勋爵所扮演的角色……这个项目之所以成立,是因为当时摩根将军——盟军统帅部参谋长——已经成立了作战参谋部,以策划进攻行动。正是这个参谋部——我当时在参谋部负责海军相关事宜——负责做决定和策划……要么是在13日6点43分,要么是20日6点43分(我更倾向于后者),我决定建造一个港口(阿比战役胜利之后,我就莫名其妙地有了这个想法)……当天到1943年6月27日之间,港口都是参谋部计划中最关键的一环。

休斯顿-哈利特建议,利用驳船在诺曼底海滩附近建设人工港。I.G.斯蒂尔少校起草了一份建造港口的计划,他选择阿罗芒什作为建造港口的地点。

从盟军登陆日开始,他们的计划就是利用登陆艇从泊在海面的商船上运送物资,从而尽可能多地将物资运送到五个选定实施进攻计划的沙滩上。为了保护登陆艇,盟军决定建立五个登陆艇泊地,代号"醋栗"。每片被选定为登陆地点的海滩上都有12艘老旧的商船沉入海中,他们在深约4.5米的海水中(退潮时水位)连成一道1.5千米长的防波堤。要是没有这些"醋栗",北边若刮来一阵狂风,登陆艇就会被吹离海岸,并且受到损伤,无法修复,海滩上军队的生命线也会因此而被切断。

最后,部分"醋栗"发展为"桑树","这里所说的桑树可不是田野里的树木",一位高级海军军官如此评价。"醋栗"的具体分布如下:

美国

醋栗1号　塞尔维尔　犹他海滩

醋栗2号　圣劳伦特　奥马哈海滩

(醋栗2号后来成为桑树A)

英国

醋栗3号　阿罗芒什　黄金海滩

(醋栗3号后来成为桑树B)

醋栗4号　库尔塞勒　朱诺海滩

醋栗5号　兀斯特亨　宝剑海滩

"桑树"用大量混凝土沉箱构成一道代号为"凤凰"的防波堤,这些混凝土沉箱在退潮时沉入海水中,最深处可达10米。按计划,每个港口外都要建筑一道1.5千米长的浮动防波堤,代号"低音喇叭",以期为港口提供额外的保护。除此之外,还有能够承载25吨货品的码头,以及能够停泊一艘坦克登陆舰、承载40吨货物的码头——克伦威尔坦克刚好40吨重。

盟军登陆12天之后(1944年6月18日),两处"桑树"人工港都已投入使用。6月19日的狂风使美国大部分"桑树"港口都被损毁,剩余的部件则被用来修补英国的人工港——英国的"桑树"港口受损程度较轻。但是,多亏了美军海滩区域上的"醋栗",天气情况良好的情况下,船只仍然能够直接将货物卸载到海滩上。到7月中旬,英国的"桑树"港口已经达到预计的吞吐量,每日可达7 000吨。

阿罗芒什的"桑树"人工港投入使用的10个月当中,一共有250万人、8 350万辆车以及400万吨物资通过其抵达前线。

下页图(上):盟军登陆日,奥马哈海滩附近科尔维尔的人工港

下页图(下):代号"凤凰"的防波堤的混凝土沉箱被牵引至指定位置

89 德国半履带装甲车

20世纪30年代,德国人考虑到装甲战的需要,发明了半履带装甲车。在为装甲战做武器准备方面,德国人将英国人、法国人、美国人以及苏联人都远远抛在身后。1935年,德国人萌生出设立装甲师的想法,他们意识到,有必要生产一款装甲人员运输车,能够和坦克一同驶入战场。德国人的脑海中突然蹦出在中型半履带牵引车上安装装甲车身的念头。相关研究始于1937年,1939年6月开始生产。最终的成果就是三个型号的中型半履带装甲人员运输车——Mittlere Schützenpanzerwagen Ausf A型、B型和C型。Ausf A型和B型在1940年被C型所取代,C型到1943年仍在生产。所有车辆都有设计精良、线条流畅的装甲车身,车辆后面有两个宽敞的出口,方便士兵快速出入。每辆车的人员隔间上都有机枪底座,但底座没有装甲保护。

20世纪30年代末期,关于突击炮的实验也逐步展开。相关人士得出结论,这种车辆需要装甲弹药运输车和观测车的支持,以便前面的观察员校正炮火。所以突击炮投入生产之后,这些车辆也开始生产。装甲弹药运输车车身全部覆盖装甲,车身侧面开有射孔——许多半履带装甲车都有射孔。通常而言,为了增加弹药运输量,装甲观测车后面都连着一辆拖车。半履带装甲观测车的装甲更厚,顶部有大的圆拱形舱门。装甲车上的无线电天线在不用时可折叠为保护状态——这也是德国人思虑细致的证明之一,以防战争中天线被灌木丛折断或者被敌军的炮火击中。

半履带装甲车经过改装,能够胜任多种角色。1938年,20毫米口径的防空炮被安装在D-7半履带装甲车上,配以特制的上部结构以及能够折叠的侧板,以便火炮能够完整地横转。最终,德国人研制出装甲座舱,就连高射炮也有装甲防护盾。弹药用箱子装着,放在车辆两侧;车辆后面还有装着弹药的拖车。之后,更加沉重的37毫米高射炮以及37毫米反坦克炮也被安装在半履带底座之上。

1939年,陆军部官员要求生产能够运载半个班的步兵(4人)的装甲人员运输车,以增强装甲师侦察部队的力量。Sd Kfz 250系列半履带车于是应运而生,它在1941年6月投入生产,一直到1943年都仍在生产。这种车型的侦察车系列在装备了防盾的底座上安装了两挺MG42机枪。和人员运输车一样,这种车型亦有许多系列,包括空对地联络车、中型迫击炮搭载车(在这种车型上,迫击炮可以不用拆卸直接发射),以及各种反坦克车、突击炮车、电缆铺设车、观测车,以及指挥车。Sd Kfz 251是1943年新出的款型,它体形更大,也有许多不同的版本。有一张著名的照片,是海因茨·古德里安将军坐在指挥车里的样子,他旁边是一台恩尼格玛密码机——古德里安将军乘坐的指挥车就是251系列。

德国军队所在的每一个战场中都有半履带装甲车的身影,它是一款极为优秀的战斗车辆。

对页图：德国半履带车 Ausf D（Sd Kfz 251）。这辆车是波兰救国军从纳粹党卫军第五维京师手中虏获的

上　图：肯特郡帕多克伍德，"战争与和平"展览上展出的德国半履带装甲车

90 法国第一集团军的徽章

1944年9月—1945年5月，法国第一集团军从莱茵河行进到多瑙河，其徽章上标有这条行军轨迹。但算上它的前身——法国B集团军，它拥有更久远的历史。1944年8月16日，法国第一集团军在让·拉特尔·德·塔西尼将军的指挥下，紧随亚历山大·帕奇将军的美国第七集团军登陆法国南部。当时，帕奇将军带领美国第七集团军在法国戛纳和耶尔之间的里维埃拉海滩发起突击，这次突击是龙骑兵行动（Dragon Operation）的一部分。B集团军的士兵大部分来自民族解放军，他们由法国北部及西非的士兵组成。

登陆后，拉特尔的部队攻占了马赛和土伦。之后，又沿着罗纳河西岸向北行进。1944年9月11日，第戎陷入法国第二军之手。菲利普·勒克莱尔将军带领法国第二装甲师从诺曼底突围而来，其巡逻队与B集团军的巡逻队在第戎相遇。勒克莱尔的部队利用虎式坦克和豹式坦克，在9月12日到14日之间，重创第一一二坦克旅；之后，勒克莱尔将军投到拉特尔麾下。

战争进行到这一阶段，原本听从盟军地中海最高指挥官亨利·梅特兰·威尔逊将军号令的龙骑兵行动的部队转而投向艾森豪威尔麾下，并改名为第六集团军，其指挥官为美国将军雅各布·德弗斯。拉特尔的B集团军也包括在第六集团军当中，并更名为法国第一集团军，以便与英美军队保持一致——英美军队使用数字而非字母来组编军队。在此关头，虽然说不上全部，但第一集团军中许多来自非洲殖民地的士兵开始被法国内政部部队的士兵所取代。法国内政部部队成立于1944年2月，士兵来自当时既存的法国反抗军当中。内政部部队在1944年6月的诺曼底登陆战之前和之后（主要是诺曼底登陆之后）都曾参与作战任务。最终，逾13.7万名内政部部队的士兵在拉特尔手下服役。这样做的目的在于，让法国人——而不是非洲人（尽管他们非常出色）——来解放法国，参与对敌作战。当然，法国内政部部队的士兵也非常渴望与德国人作战。

法国第一集团军向孚日山脉前进，之后在贝尔福山口取得突破，仅在科尔马留下一小块德军占领区。勒克莱尔继续前行，并在1944年11月23日攻下了斯特拉斯堡，完成了四年前他在利比亚沙漠中攻下库拉夫之前许下的誓言。此时，德弗斯正命令自己的部队朝北行进，支援乔治·巴顿将军；艾森豪威尔则命令拉特尔离开阿尔萨斯和斯特拉斯堡——当时，这两个地区都处在位于科尔马德军占领区内的敌军的威胁之下。拉特尔的回复是"绝不"，他下令让第三阿尔及利亚步兵师前往斯特拉斯堡，加强当地防卫，自己则苦战两个星期，阻止科尔马德军占领区内的德国军队突围。之后，他冒着严寒的天气，历时三个星期，继续对该地区进行清理——科尔马境内的德军占领区是德国在法国最后的占领区之一。

拉特尔没有跟随美国人的计划——让法国第一集团军跟着美国第七军的脚步，横渡莱茵河，而是自己在莱茵河岸边找寻渡河点。尽管缺少渡河设备，但拉特尔的第二军团还是在施派尔和莱默斯海姆之间，强渡莱茵河，并拿下了卡尔斯鲁厄、弗洛斯海姆以及斯图加特。4月21日，拉特尔的部队渡过多瑙河，进入乌尔姆，并在1945年4月24日抵达康斯坦茨湖岸边。德国投降时，德国境内一共有9个法国师。法国第一集团军解放了法国将近三分之一的国土；在和两支德国军队作战的过程中，法国第一集团军俘虏了25万德国士兵。1940年的法兰西战役中，法国败北；拉特尔麾下的士兵靠自己的不懈战斗，终于将法国推到与其他盟国平起平坐的位置，使其在战后能以平等的身份坐到政治谈判桌旁。

对页图：孚日山脉前线上，法国第一集团军的士兵，照片摄于1944年

上　图：法国第一集团军的徽章，上面印有莱茵河和多瑙河的字样

下页图：拉特尔麾下的法国第一集团军的炮手正在使用榴弹炮

91 谢尔曼坦克

考虑到1939年至1941年期间欧洲各种坦克的发展情况，美国陆军装甲部队批准采购了一种新的中型坦克，即M4中型坦克，又称谢尔曼坦克。谢尔曼坦克在现有的底盘上装配了新的铸造车体以及一座可360度旋转的炮塔——75毫米口径的主炮。其初衷是为了提高生产速度，尽快生产出数千辆中型坦克，以便英美军队对付德军装甲部队。

较之于它们终将面对的德国坦克，M4存在严重不足——美国装甲部队官员对这些缺点了然于胸——但军队对中型坦克的需求十分迫切。选择M4的人认为，基本型的M4在必要时能够进行改装和升级。情况也的确如此，战争结束之前，M4进行了6次大的改装；与此同时，许多不同型号的谢尔曼坦克在美军、英联邦军队和苏联军队的坦克手的操作下，出现在战争的每一个战区当中。没有人喜欢M4——但M4数量充足，且易于保养，这一点还算讨人喜欢。到1945年，美国生产了40 000多辆谢尔曼坦克，苏联也部署了大约40 000辆基本型T-34。与之相比，德国只生产了10 500辆Ⅳ号中型坦克和5 500辆Ⅴ号中型坦克——它们是谢尔曼面对的最为庞大的敌人。尽管德国的制造业非常出色，但盟军胜在数量充足，德国人最终还是败给了盟军。

谢尔曼坦克重30吨，乘员组共5人。随着制造经验的积累和生产配套的完善，其动力系统逐步改进。坦克的发动机来自航空和汽车公司：大陆公司、莱特公司、通用公司、福特以及卡特彼勒公司。站在乘员组的角度来看，柴油发动机比汽油发动机更好，因为汽油更容易爆炸，且燃烧速度更快，若发生意外，乘员组难以逃脱；鉴于M4面对大多数德国坦克和反坦克炮时，都不堪一击，其抗打击能力是一个严重的隐患。这样的现状对坦克组的策略以及对地形、掩体的利用都有极高的要求。

在正面对抗中，谢尔曼的主炮难以与德军拥有高射速和出色破甲能力的炮弹相匹敌，所以必须用策略完成击杀。1944年，一款装备了射速更高的76毫米主炮的M4改进型被引进。英联邦军队的坦克部队将75毫米炮换成了更棒的英制17磅反坦克炮。英联邦的M4A4"萤火虫"让盟军坦克部队在对抗德国坦克部队时更加有力。

为了提高车体的耐久性，坦克制造商放弃铸造车体，采用更重的底盘，并使用焊接技术将其连接在一起。另外，坦克的履带也得到扩宽和增强，使M4在松软地面上的通行能力和爬坡能力得到提高。虽然外面的0.5英寸（12.7毫米）机枪会使射手暴露在外，但谢尔曼的两挺0.3英寸（7.62毫米）口径机枪能够从炮塔和驾驶室开火。

尽管M4存在诸多缺陷，但是它的耐用可靠使它成为一款应对战术变化的优秀平台。M4的改进型包括喷火坦克、扫雷车、火箭发射车以及装甲指挥车。一些拆掉炮塔的M4也用作装甲运兵车；其余的则用来搭乘空中引导员，指挥对地支援。一款改进型的M4将坦克炮换成一门105毫米口径的榴弹炮，使M4坦克变成了自行火炮。1944年，装备推土机铲刀（又被戏称为"绿篱修剪器"）的M4成为盟军装甲部队在欧洲战场的标准配备。最终，M4证明自己是一款符合其倡导者期望的多面手坦克。

对页图：盟军登陆欧洲之后，谢尔曼坦克穿过法国弗莱尔地区被轰炸的城镇

上　图：战争后期出现的M4A4"萤火虫"，崭新的炮台上安装了英国17磅反坦克炮

92 维多利亚十字勋章

维多利亚十字勋章是英国的最高荣誉勋章，颁发给英国武装力量、大英帝国以及英联邦中作战最勇敢的人。到第二次世界大战开始的时候，维多利亚十字勋章已经颁发了83年。维多利亚十字勋章的获得者，无论身份等级高低，均优于其他勋章获得者，嘉德勋章也不例外。

1856年，维多利亚女王签署皇家认证，正式设立维多利亚十字勋章。维多利亚女王希望，勇敢的水手和士兵，不论等级，都能获得一枚奖章。1854—1856年，英国和俄国在克里米亚以及波罗的海展开战争——正是这场战争，点燃了女王的关怀之心，皇家授权委员会将战争中表现杰出的士兵纳入授勋范围之内。在那之前，维多利亚十字勋章只颁发给勇敢的军官。1858—1881年，维多利亚十字勋章亦可颁发给极端危险情况下表现英勇的人。

1881年，维多利亚十字勋章颁发条例发生改变：只颁发给那些在对敌作战中骁勇善战的战士。这些年来颁发勋章时一直不乏相关讨论：所谓的敌人当时到底在场还是不在场。只要存在争议，就不予颁发维多利亚十字勋章。这种情况催生了二战期间乔治十字勋章的建立。

维多利亚十字勋章颁发了1 356次，获勋者达1 353人。其中有3人因为两次独立任务而两度获得维多利亚十字勋章，他们在原来的勋章绶带上佩戴一枚金属勋牌作为标志。新西兰人查尔斯·乌普海姆是二战中唯一获得维多利亚十字勋章以及金属勋牌的人。因此，在二战期间，维多利亚十字勋章颁发了182次，获勋者181人。

第二次世界大战当中，第一枚维多利亚十字勋章颁发给了"萤火虫"号驱逐舰舰长，海军上校杰拉德·鲁普，以奖励他在1940年4月8日的英勇表现。"萤火虫"号驱逐舰在挪威附近海域进行巡逻时，袭击了德国两艘驱逐舰；之后又遭遇了德国"希佩尔海军上将"号重巡洋舰。鲁普发射鱼雷进攻，其中一枚击中"希佩尔海军上将"号，然而"萤火虫"号却沉没了，损失惨重，鲁普牺牲。虽然迟了一些，指挥官约翰·林顿还是获授维多利亚十字勋章，奖励他在1939至1943年之间，指挥"图布伦特"号潜艇，击沉一艘巡洋舰、一艘驱逐舰和一艘德国U型潜艇，炮轰三列火车的战绩。

二战中的最后一枚维多利亚十字勋章是追授给牺牲的罗伯特·格雷中尉的，以奖励他在对日空袭时的表现。他来自加拿大皇家海军志愿预备队，在海军航空兵部队一八四一中队服役。最后一名获授维多利亚十字勋章的士兵是莱斯利·斯塔斯维奇，他曾在婆罗洲的第二、第四十三澳大利亚营服役。

第二次世界大战当中，一共有26名印度人和廓尔喀族人获授维多利亚十字勋章，其中最后两名获勋者于同一天获授，奖励他们在1945年4月9日，横渡意大利塞尼奥河时的出色表现。这两人分别是服役于第十三前线步枪部队的印度兵阿里·海达尔，以及服役于第五马哈拉特轻兵部队的印度兵南德奥·贾德。

英国特种空勤团中，唯一的有记录可查的维多利亚十字勋章获授者是安迪·拉森少校，奖励他在1945年4月8日到9日晚上，柯马基奥湖一战中的英勇表现。安迪·拉森服役于第一特种空勤团，该部队当时配备给特别舟艇部队。一共只有3名丹麦人获得了维多利亚十字勋章，安迪就是其中之一。共有23枚维多利亚十字勋章颁发给轰炸机的机组成员，其中追授13枚。埃德温·斯维尔斯上尉是最后一名获勋者，他隶属于南非空军部队，服役于英国皇家空军582中队。

二战期间，共有9名潜水员被授予维多利亚十字勋章。最后受封的两人分别是伊恩·弗雷泽中尉及一等兵詹姆斯·玛嘉烈。1945年7月31日，在新加坡柔佛海峡，他们乘坐英国袖珍潜艇XE3，成功地袭击了日本重巡洋舰"高雄"号。玛嘉烈是二战中唯一获授维多利亚十字勋章的北爱尔兰人。

上　图：铜制维多利亚十字勋章

对页图：1945年4月7日，白金汉宫的授予仪式上，新西兰人查尔斯·乌普海姆站在乔治六世面前。他是二战中唯一两次获授维多利亚十字勋章的人

93 歌利亚遥控爆破车

德国第一辆小型遥控"坦克"是BI型无线电爆破车Sd Kfz 300。这款坦克设计于1939年，重1.5吨，体形称不上迷你，利用无线电遥控，车后拖曳扫雷辊，可用于一次性扫雷。截至1940年5月，一共生产了50辆BI型爆破车。BII型后来取代了BI型，它车体更重，不过只完成了BII型的原型。这两种车型均被歌利亚取代，采用有线控制的歌利亚体形更小。

1940年末，德军需要使用更小规格的爆破车进行排雷，于是他们以1940年法兰西战役中缴获的法国迷你坦克为基础，设计出歌利亚。1942年4月到1944年1月之间，一共生产了2 650辆歌利亚爆破车，并正式命名为302号轻型炸药运输车Gerat 67 "歌利亚"，或者称之为"一次性遥控爆破药包"。歌利亚有4个负重轮，前面为驱动轮，后面为惰轮，整个车重0.37吨，长1.2米，宽0.82米，高0.55米。歌利亚装有2台保时捷2.5千瓦发动机，分别为其提供前进和后退的动力。时速9千米，行程达1.5千米。它由三股线来操控，其中两股用来控制车辆，一股用来引爆炸药。车体中部有三个隔舱，前面一个用来装炸药，中间的用来装控制设备，后面的用来放线轴。车上装有一台电动机，由两个12伏特的蓄电池供电，蓄电池分别装在车体两侧的隔舱里。

装甲先锋连是机动化部队工兵营和装甲风暴旅的一部分，他们最早配备歌利亚爆破车。歌利亚在苏联前线执行多种任务，在库尔斯克地区，执行了大量扫雷任务。1944年，歌利亚用于镇压华沙起义，对抗波兰救国军。波兰当时几乎没有任何反坦克武器，所以只好由勇敢的志愿者在歌利亚到达目的地之前切断其控制线。少数歌利亚被用于1944年6月的诺曼底战役当中，但其中大部分因被盟军猛烈的轰炸切断控制线而失去作用，这次轰炸远出乎德军意料。

1942年，德军在歌利亚的基础上开发出具备更大载重量和更远行程的爆破车Sd Kfz 303。它使用内燃机为动力，共有两种型号，303a和303b。前者体形更小，重量更轻；后者重0.43千克，油箱可容纳0.703升汽油，最高时速可达12千米，行程12千米。不过，卷筒上的控制电缆只有640米长，限制了其战斗距离。需要双轮驱动拖车才能把歌利亚运送到达战斗区域。

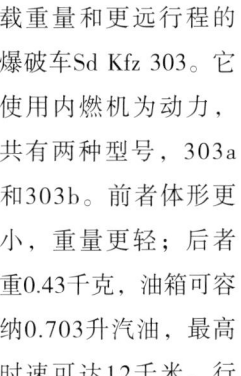

1945年1月，歌利亚停产。除了歌利亚，德国还拥有其他遥控爆破车，比如说重达3.6吨的反坦克歼击车Sd Kfz 301 Ausf。1942年4月到1943年11月之间，一共生产了A、B两个型号。它能够把重型炸药包投放到目标上或者目标周围，从而破坏对方防御，它同时也可用于排雷。无线电可以操控爆破车投放炸药，并使其自动返回。它的时速可达37千米，有效活动范围211千米。在苏联前线，歼击车在扫雷方面发挥了巨大作用。

对页图：1944年3月，东线战场的一辆歌利亚爆破车

上　图：歌利亚爆破车

94 降落伞补给箱

第二次世界大战期间,英国空降部队使用滑翔机运送枪支、吉普车、工程设备以及医药储备等沉重物资。不过在滑翔机空降营建立之前,伞兵营得想办法空投所需物资。跳伞士兵不能负荷过重的设备和物资,然而,他们一旦着陆,可能会立即需要某些装备,比如说无线电设备、摩托车、弹药、中型迫击炮、额外的口粮等。所以,就算空降部队有滑翔机,他们也必须空投这些装备和军需。

英国皇家空军着陆研究中心(The Central Landing Establishment RAF)由降落伞训练学校、技术分队、滑翔机训练中队组成,他们均为研发合适的补给箱进行了各种试验。第一款补给箱是一个缝好的垫子,里面塞满了竹条。把垫子卷起来绑在钢条上,钢条一头连接一个8.5米的降落伞。降落伞装在伞包里,伞包大小与卷起来的垫子一致,这样才能把它装进飞机的炸弹舱里面(炸弹舱的大小也限制了后来补给箱的尺寸)。卷起来的垫子具有以下局限性:只能少量装载部分武器;不易于快速卸载;不耐用。

GQ降落伞公司研发了另一种补给箱,大小刚好与惠特利式重型轰炸机的炸弹舱一致。该公司为英国特别行动处制造了许多此款补给箱。这种补给箱长1.8米,直径38厘米,只能从一端打开。很快,这种补给箱的弊端就显现出来——在黑暗之中,或是遭到攻击等紧急状态下,需要很长时间才能打开补给箱。后来生产了一种金属罐,能够纵向打开,有效载荷可达270千克。但即便

如此,也没有能够装载无线电设备的补给箱——这些体积庞大的设备根本没办法装进直径38厘米的圆管里。后来,重型轰炸机(哈利法克斯、斯特林夏、兰开斯特)出现,其炸弹舱更大。于是,另一种300厘米×46厘米的椭圆形补给箱应运而生。

特种货筐专门用来装运笨重的物资,比如3英寸(76.2毫米)口径迫击炮的底板,75毫米榴弹炮和"班加罗尔鱼雷"的备用炮管。鉴于物品的大小及形状,某些物资不能装进炸弹舱,只能装在机舱里,然后在跳伞处空投,或者直接从机舱门扔出去。这种方案的成功,以及没有炸弹舱的达科塔运输机的出现,催生了一种柳条货筐,这种货筐可以直接推出机舱门。

补给箱一方面由空降部队进行空投,一方面大量分发给欧洲占领区的游击队、反抗军,以及特别行动处。1944年华沙起义时,英国皇家空军及波兰空中部队在8月4日至9月21日期间给波兰救国军空投物资。苏联拒绝让执行空投任务的飞机使用其机场,补给飞机只好从英国和意大利起飞。这7周的总空投量达到104吨。补给飞机往返路程达3 220千米,其中约12%的飞机在途中被击毁。开始的时候,罗斯福总统表示,不会让美国陆军航空兵参与这次空投任务。苏联后来同意110架B-17飞机在其机场加油,并在华沙空投物资——但这不过是杯水车薪,且来得太晚。波兰救国军于1944年10月3日投降。

包括德国在内的其他空降部队都使用类似尺寸与形

对页图：英国皇家空军第一四八特别任务中队的一架哈利法克斯轰炸机用降落伞给南斯拉夫游击队空投补给罐

上　图：意大利东南部，士兵正在包装空投给南斯拉夫游击队的补给罐

状的补给箱。1943年7月13日晚上，第一伞兵旅在西西里岛进行空投，场面混乱不堪。一名英国军官打开补给箱才发现，这不是英国部队的补给箱，而是德军的。德国伞兵部队增援西西里岛，这个补给箱被空投到了同一个空投区。

95 加拿大军队的徽章

第一次世界大战当中，法国境内的加拿大军队只是简单地使用数字作为部队和所属师的标志。第二次世界大战时，加拿大地面部队的野战军军服上佩戴着军营标志、军团标志以及特种连队标志。加拿大军队仿效英国军队，采用这种辨识方法，通过特殊帽饰、帽徽，以及其他能够彰显地区自豪、区域自豪、民族自豪的军服样式对部队进行区分。枫叶是加拿大军队共同的民族标志，而加拿大军队辨识部队的做法却是受到英国军队军服系统的影响。由于加拿大士兵穿着英式军服，携带野外工具箱，并配备英军武器，加拿大部队标志就成了加拿大士兵身上唯一能代表加拿大国籍的东西了。军服上的臂章上写着"Canada"（加拿大）字样。

加拿大军队为同盟国的欧洲远征军提供了三个步兵师、两个装甲师、两个独立装甲旅、一个伞兵营，以及众多战斗保障（工兵）和战斗勤务支援（医疗部队）。二战期间，加拿大共有100万人服役；其中70万人参与到第二次世界大战当中。1945年以前，加拿大军队都是由志愿者组成，他们有特别的部队标志，并富有地方自豪感。无论部队的正式名称是什么，加拿大军人都喜爱他们特殊的军服标志及名称。

分辨士兵所在团部的标准方式（即最可能的方式）就是帽徽。肩缝下方的袖带能够说明，佩戴者属于帕特里夏公主加拿大轻步兵团，还是加拿大高地轻步兵团。加拿大士兵在团部斜条标志之下、军衔徽章之上，佩戴师部的彩色标记臂章，这是一种矩形的布块，上面没有美国军队常用的特种师盾形纹徽。

二战初期，加拿大士兵在所属师矩形布块之上佩戴圆形的彩色纹章，以标示自己所在的旅。另外一个改变就是，专业兵种的士兵佩戴后勤兵徽章，而不是师臂章。举个例子，加拿大皇家通信兵就是如此，他的职责是提供通信服务。

上　图：1942年8月19日，法国迪耶普，一名德国下士为被俘的加拿大军官点烟。加拿大士兵左臂上佩戴的就是加拿大军队的徽章

上　图：加拿大皇家空军部队的徽章

下页图：1943年，加拿大步兵在意大利坎波基亚罗慢慢穿过一条街道

96 国民冲锋队臂章

1944年9月25日,希特勒创立了德国国民冲锋队(Deutscher Volkssturm),并在10月18日的一项秘密法令中首次对外宣布此事。1813年10月18日,普鲁士人、撒克逊人、波兰人、瑞典人以及俄国人在莱比锡大战拿破仑,并取得伟大胜利,后来这一天就成为纪念日。这场战役被称为"莱比锡诸国之战"。希特勒热衷于以普鲁士历史上契合他内心私欲的事件来标榜自己——这些历史事件要么被用来进行政治宣传,要么就是希特勒自欺欺人的表现,有时候两种情况兼而有之。1806年,拿破仑在耶拿被普鲁士击败;莱比锡之战的胜利成为普鲁士复兴道路上的重要一步。

希特勒想要把当时的普鲁士与如今的德国做对比,以表明这个国家虽然曾经两面受敌,但最终一切都会好转。一个处于备战状态的国家以普鲁士人为榜样——他们在拿破仑战争时期,对国家进行改革,使军队恢复活力。但是,1944年希特勒对国民冲锋队以及整个德意志民族的呼吁并没能像1813年那样引起共鸣——当时,普鲁士战时后备军经常作为游击队反抗拿破仑军队。

希特勒下令纳粹总理府主任马丁·鲍曼及其私人秘书,负责招募600万士兵。这个数字基于一项事实,那就是在1944年5月,德国劳动力中有超过600万人被免除了兵役。然而,德国国民冲锋队的兵力从未达到600万。国民冲锋队的基本部队为营,士兵从16到60岁不等,其中那些16岁的士兵主要是希特勒青年团成员,年长的大部分都是老兵,由退伍士兵、被评定为不适合执行军事任务的士兵组成。

这些人本来只须在他们自己的地区战斗,但事实上,盟军一逼近德国领土,他们就被派去东线前线或者西线前线。德国国民冲锋队听命于海因里希·希姆莱,他是预备役总司令;国民冲锋队在自己的区域则听命于当地纳粹党阶层。一旦散开到各地,他们就听命于军队。

由于战争事宜依旧享有优先权,所以每个星期天,国民冲锋队都要接受四个小时的训练。有军服的人员必须穿军服,没有军服的就穿普通衣服,头戴软毡帽或平顶帽。当时武器和弹药匮乏,数量最多的武器就是"铁拳"——德制手持反坦克火箭筒。在战争的最后几个月当中,德国制造了一种国民冲锋枪。这种武器有数个型号;它们大部分是粗略制造的闩式步枪,有些连弹匣都没有,所以每次开枪之后,必须手动上膛;突击步枪瞄准具为固定式,不可进行调整。1945年1月到战争结束期间,德国生产了另外一种更精密的带有弹匣的半自动步枪。这种步枪的具体生产数量不得而知,不过应该有10 000支左右。现在已经不多见了。

对页图：1944年11月2日，《柏林人画报》（Berliner Illustrierte Zeitung）封面，宣传"奋起抗争的人民"
上　图：国民冲锋队臂章

下页图：未佩戴臂章的国民冲锋队士兵。原因可能是他们正穿着军服，或者他们正在接受戈培尔的检查。图中，戈培尔与一名男孩握手

　　东普鲁士的国民冲锋队战斗力最强。20世纪时，就是在这里，战时预备役的兵力得以征募，这也算是国民军队的一个传统。再者，二战期间，德国第一次领土危机就发生在德国东部地区，当时苏联红军入侵该地区，战时预备役奋起抵抗，保卫家园。一直到战争结束，许多德国人仍相信可抵御苏联红军；与此同时，只要与美英达成和解，以最少的土地割让给苏联为代价即可结束战争。考虑到这些因素，东普鲁士地区的战时预备役在战争中比其他任何地方的战时预备役都顽强。当然，西部地区也有顽抗抵抗的例子。

97 P-51野马战斗机

1940年,英国皇家空军设计了一款用于地面袭击的轰炸机——P-51野马战斗机,它后来成为二战中最为出色的空中优势战斗机,专门用于与敌军飞机交战。它是美军第八和第十五航空队的中流砥柱,1944年至1945年间,为了削弱第三帝国,美军轰炸机深入德国境内,空袭重要工业目标,P-51为其护航。P-51的基础型号共有三种,第二次世界大战持续了六年时间,在此期间,几乎每个战区都有P-51的身影。

为了加强大英帝国的空中防御,英国本土的工业为生产飓风式战斗机和喷火式战斗机而超负荷运作。1940年4月,英国皇家空军、英国采购委员会与北美航空公司商谈生产一款单座的单发战斗机,以保证英国在战场上的空中优势,并对地面目标发起进攻。

根据先前的设计经验,北美航空公司在117天内就生产出一个先进的流线型机身,但是1 100马力的艾利逊发动机拖慢了测试的进程。发动机的问题使得野马1(原型机A)只能被用作对地攻击机。但是P-51又拥有许多令人称道的战斗机特点——速度、作战半径、机动能力,以及8门0.3英寸(7.62毫米)机枪。这款飞机看起来潜力无限,英国皇家空军在对其进行评估前就采购了320架。野马式为陆军联合司令部完成了首次对地侦察任务后,皇家空军又增购了300架。

1940年至1941年期间的测试和战斗经验一针见血地揭示了野马战斗机的短板——它在6 100米的高空会丢掉动力和速度。尽管野马式能够飞抵德国境内,但只能执行低空侦察任务。1942年,美国陆军航空部队对自己的野马战斗机进行评估时,也对其做出改进,以便更好地执行低空任务:装备了自封闭机翼油箱,并在机翼上装备了4门20毫米加农炮,以及更好的照相机。美国陆军航空部队同时增加了野马式的炸弹挂点,并将加农炮改成了6挺0.5英寸(12.7毫米)机枪,整流罩下还安装了一个改进型的梅林发动机。

英国皇家空军和美国陆军航空部队都预见到了对争夺制空权战斗机(空中优势战斗机)的需求,其作战半径要比喷火式更大,空气动力学特性要优于美国陆军航空部队的P-38和P-47。经过罗尔斯-罗伊斯公司和帕卡德公司改进的发动机有望取代艾利逊航空发动机。罗尔斯-罗伊斯和帕卡德合作生产的梅林V-1650-3发动机极大地提升了野马式战斗机的动力(以及速度),使其在5 300米的飞行高度时能够达到910千米的极限时速。同时,野马战斗机的爬升速度也比其对手更快。

美国空军迫切需要一款作战半径大的战斗机,来扮演之前加外挂油箱的P-47的角色,以保护第八航空队的B-17和B-24轰炸机。1943年11月,新式的P-51B和P-51C(由不同公司制造的同一款飞机)开始在欧洲战场参战。1944年,更多的空中实战经验催生了P-51D。P-51D装备了气泡式座舱,并在航空动力学方面做出改进,以适应空对空作战。P-51的极限航程为3 200千米,实用升限12 500千米。美国陆军航空兵中,经验丰富的飞行员越来越多。P-51在他们手中,于战争最后一年,掌控了欧洲和亚洲战场的制空权。战争结束之前,北美航空公司生产了15 586架各种型号的P-51飞机,其中包括7 956架D型。

对页图：D.S.金泰尔上尉在P-51B野马战斗机的机翼上摆好拍照姿势。照片摄于1944年4月10日，英格兰

上　图：法国上空，北美航空公司生产的P-51野马战斗机。照片摄于1944年7月20日

98 V型武器

德国人将这种武器称为"复仇者"（Vergeltungswaffen），旨在用它对盟军轰炸德国城市的行为进行报复。英国人则称之为"V型武器"。V型武器一共可分为三种类型。

V-1飞弹是一种小型的无人机，由间歇燃烧喷射引擎驱动，它实际上就是早期的巡航导弹。V-1能够从导轨上发射，也能由海因克尔III飞机进行空中发射。V-1的首秀发生在波罗的海附近的佩内明德，负责指挥的是韦恩赫·冯·布劳恩。1944年6月13日，德国向伦敦发射出首枚V-1飞弹。截至6月末，德国人一共向伦敦发射了2 452枚V-1飞弹。其中三分之一（约800枚）落入大伦敦区域内，另外三分之一在到达海岸之前就被战斗机或反坦克炮火击落，还有三分之一在靠近目标前坠毁或被击落。

少数V-1飞弹从海因克尔III飞机上发射，其中近半数在发射后坠落。能在空中飞行的那部分炸弹较之于从地面发射的V-1，精准度十分有限。安特卫普是盟军在欧洲西北部最主要的供应港口，从1944年10月开始，到1945年3月，V-1的进攻目标转向了安特卫普。1945年3月3日，德国人在荷兰境内使用发射器继续向伦敦发射V-1，这波攻势直到3月末，发射点难以为继时方才结束。一共有10 000余枚V-1射向英格兰，其中7 888枚成功越过海岸，3 957枚在击中目标前被击落。伦敦遭到2 419枚V-1的轰炸，其中30枚射向了南安普顿和朴茨茅斯，1枚击中曼彻斯特，造成1 684人死亡，17 981人受伤。

V-1火箭也被称作"狮蚁"（Doodlebug）；人们也根据其发动机的响声，将其称为"嗡嗡炸弹"（Buzz Bomb）。V-1火箭到达目标上空时，就会失去飞行速度，突然落向地面。附近的人都能听到突然的沉寂，然后猜测火箭落在了何方。

V-2火箭更令人生畏。V-2火箭携带了重达975千克的炸药，远多于V-1的875千克。此外，V-2火箭到来时根本没有任何预警，人们也无法将其击落。V-2火箭其实就是洲际导弹的前身，它的最高飞行速度为5 800千米/小时，能够在96千米的高空飞行，最大射程320千米。1942年10月，V-2火箭首次成功亮相。但盟军和英国都颇为幸运——这种火箭很难研发生产。英国皇家空军和美国陆军航空部队对佩内明德发起一系列空袭，最后迫使德国人在1944年5月将V-2火箭的生产转移至地下工厂。1944年9月8日，首枚射向英格兰的V-2火箭降落在奇西克，造成3死17伤。最后一枚V-2火箭则在1945年3月27日到达英国。一共有1 054枚V-2火箭降落在英格兰，平均一天要接受5枚火箭的洗礼，其中有3枚都击中伦敦，每天都有2 700名伦敦人因此身亡。1944年的最后三个月当中，安特卫普遭到900枚V-2火箭的攻击。

V-2火箭从混凝土发射台上进行发射，这种混凝土发射台十分小巧，便于隐藏，其他发射设备也都便于搬运。即便发射台被盟军队伍发现，他们也没有什么值得进攻的目标。

V-3是一种远程火炮，它在法国加来附近的米摩耶克斯境内有两个发射点，能够以每分钟10发的速度发射10.92毫米口径的炮弹。1943年11月，英国皇家空军对其中一个发射点进行空袭，之后这个发射点便废弃了；幸存下来的一个在1944年7月遭遇了同样的命运。随后，盟军队伍大量涌入该地区。德国坚持研发V-3火炮的简化版，并用它进攻安特卫普和卢森堡境内的美国军队，但收效甚微。之后不久，德国就摧毁了V-3远程火炮，以免其落入盟军之手。

对页图：一枚V-2火箭架在库克斯境内的发射器上
上　图：飞行中的V-1"狮蚁"
右　图：准备发射的V-2火箭
下页图：遭到V-2火箭攻击的建筑化作一片废墟，救援者穿行在其中进行救援工作。照片摄于1944年7月1日，伦敦

99 希特勒的鹰巢和伯格霍夫别墅

鹰巢和伯格霍夫别墅是希特勒在奥柏萨尔斯堡的两处山顶庄园，在这里可以俯瞰巴伐利亚东南部城镇伯希特斯加登。在《我的奋斗》(My Struggle)一书中，希特勒讲述了他的政治愿望。他用售书所得购买了这两处山顶庄园。

伯格霍夫别墅是一座原创建筑，同时也是希特勒两座庄园中最大的一座。这座别墅占地极大，元首亲自设计了那些铺有豪华地毯的房间。这不仅彰显出希特勒的品位，也体现出他年轻时想要成为建筑家的渴望，同时还反映出他视自己为瓦格纳勇士首领。这些建筑是由奴工建造的，由位于建筑群中间的中央小屋和周围的5层环形壁垒组成。中央小屋周围的建筑群中有可以容纳2万士兵的兵舍。只有顶楼是建在地面上的；就像是一座冰山，建筑的其他12层楼，都经过深深挖凿，建在了山体的岩石里面。在顶楼上可以环顾群山，也可以俯瞰山谷，风景绮丽。最令人惊叹的房间是接待大厅，里面有宽大的落地窗。紧挨着接待大厅的是宴会厅。地堡里有卫兵室、厨房、卧室、食品室、以及酒窖。

希特勒的密友赫尔曼·戈林、约瑟夫·戈培尔，以及马丁·鲍曼都住在伯格霍夫附近，他们的住所较小。部队驻扎在距离伯格霍夫不远的地方，从奥柏萨尔斯堡修了一条特别通道到驻扎地。

鹰巢是一座小木屋，建在距离伯格霍夫6.5千米的克尔岩山顶，因此它也被称为克尔岩之屋，是1939年4月20日希特勒50岁生日时收到的贺礼。要到达山顶的鹰巢，要穿过5个隧道，并向上爬79米。鹰巢入口是一条在山脚挖掘的隧道，长约120米。隧道末端往上垂直开凿电梯口，直接到山顶的鹰巢。鹰巢的官方名称是外交接待屋，简称为D-Haus，说英语的人有时戏称鹰巢为"茶舍"。于是，鹰巢经常被误认为是伯格霍夫的一间茶舍。希特勒住在这里时，经常在午饭后散步至此，不过，总的说来，他很少去外交接待屋。

希特勒会定期去茶舍，这一点众人皆知。所以英国特别行动处能够收集到资料，并策划在伯格霍夫暗杀希特勒。狙击手可以藏在路旁的森林里，在希特勒散步的时候射杀他。然而，自从1944年7月的暗杀风波之后，希特勒再也没去过伯格霍夫，这个暗杀计划最终也没能付之行动。

眼看欧洲战争快要结束，盟军领导担心希特勒，或者他手下某个狂热的纳粹代理人，可能会建立从巴伐利亚阿尔卑斯山到伯格霍夫的最后防线。1945年4月25日，英国皇家空军第六一七轰炸中队兰开斯特轰炸机对伯格霍夫进行轰炸。至少有两枚炸弹命中目标，顶楼被炸为一片废墟。法国第二装甲师与美国一〇一空降师竞争率先夺得伯格霍夫，结果法国拔得头筹。4天后，美国五〇六空降步兵团到达，他们是第一批到达的美国军队。紧跟着到达的分别是三二一空降炮兵团、一〇一空降师三二七滑翔机步兵团，以及一〇一师所属的其他部队。轰炸并未对伯格霍夫别墅的地下12层造成任何损坏。虽然法国军队洗劫了别墅，但仍剩下了许多元首的香槟和白兰地给美国空降部队的士兵享用。在一个地下室里，五〇六空降步兵团B连的士兵发现了一名身穿军服的中将。他拒绝投降，最后被枪杀。伞兵部队扯掉了他的徽章及勋章，把他的尸体放在床上后就离开了。直到几年之后，才对人讲起这件事。他们离开伯格霍夫别墅之后，后继到达的部队发现了尸体，都以为他是举枪自杀的。

遭到轰炸的鹰巢完好无损。一〇一空降师效仿伯格霍夫的其他伙伴，占领了该处，并在希特勒巢穴的废墟上拍照合影。

上　图：克尔岩山上的鹰巢
右　图：希特勒与戈培尔夫妇及他们的三个孩子在伯格霍夫
下　图：通往鹰巢隧道的入口
下页图：伯格霍夫别墅恢宏的大厅

100 原子弹

1945年7月16日，美国人在新墨西哥州完成了首次原子弹实验。三周之后的8月6日，代号为"小男孩"（Little Boy）的原子弹轰炸了日本城市广岛，成为历史上首次核攻击。三天之后，美军在长崎投下了"胖子"（Fat Man）。日本在1945年8月15日宣布投降，并于1945年9月2日签署了投降协议。至此，第二次世界大战正式结束。

早在1903年，两位英国科学家，欧内斯·特卢瑟福和弗雷德里·克索迪，就提出了原子裂变可能产生巨大爆炸的设想。但是这个领域的研究进步缓慢，直到二战爆发后，人们对这种武器的兴趣再度被点燃。在从德国逃亡出来的德国和澳大利亚犹太裔物理学家的帮助下，英国在1940年开始研究原子弹。1941年，美国科学家考察学习英国核项目"合金管"（Tube Alloys）。在此之前，美国很少对核裂变武器进行研究。英国取得的成果让美国人印象深刻，他们立即着手建立自己的研究和发展项目"曼哈顿工程"（Manhattan Project）。美国加入第二次世界大战之后，英国科学家也转移到美国进行研究。

与此同时，德国科学家开始在挪威生产重水，他们坚信重水是实现核裂变的关键元素。

苏联同样希望发展核武器，并为此费尽心力地开展间谍活动，以期从美国和英国科学家那里窃取必要的知识。直到1949年，苏联人才研制出核武器，其核心技术来源于间谍活动。

为了挫败德国人的研究，英美两国主要进行了两项努力，但战争结束时，他们才发现德国的进度远落后于他们。首先是1943年2月27、28日，盟军对挪威尤坎镇的重水设施开展一次成功的突击行动，摧毁了大部分重水工厂和设备；其次是英国皇家空军在1943年2月的轰炸行动促使德国人将剩余的设备和重水转移回德国。1944年2月20日，英国特别行动处在德国人的渡轮渡过挪威廷湖的时候，引爆了炸弹，击沉了渡轮。

与此同时，英美携手合作（主要是美国人的功劳），终于生产出了两颗原子弹："小男孩"和"胖子"，两者使用了不同的核技术，"胖子"是"小男孩"的改进型。

广岛约有70 000人丧生，长崎有40 000人遇难，其中大多数是平民。8月9日，苏联红军进入中国，并在前一天正式对日本宣战。尽管如此，日本人在6天之后的8月15日才无条件投降，这或许也反映了日本领导人的心态。

时至今日，关于在日本投放核武器是否符合道德要求仍然存在争论。实际上，广岛和长崎因原子弹造成的伤亡远低于燃烧弹这种所谓的"常规"武器带来的伤亡。1945年3月9日开始的对东京的空袭造成10万人死

对页图:投下"胖子"之后,长崎上空的蘑菇云。这是美国投向日本的第二枚原子弹

上　图:1945年8月9日,22 000吨TNT当量的原子弹"胖子"投向长崎

亡,数十万人无家可归。随后的5个月中,美军使用燃烧弹,使日本67个城市的大部分地区化作废墟,超过50万人死亡,约500万人无家可归。冲绳有数千平民死于非命。战争末期,太平洋其他岛屿上的日本居民也遭到轰炸,大屠杀让原子弹造成的伤亡相形见绌,更不必说倘若盟军进攻日本本土将要带来的平民伤亡。但劳工营中还有数十万亚洲人和盟军战俘,若不对日本发起突然袭击,并最终使其投降,这些人最后都会遇害——是两次核攻击,结束了战争,避免了这一切的发生。

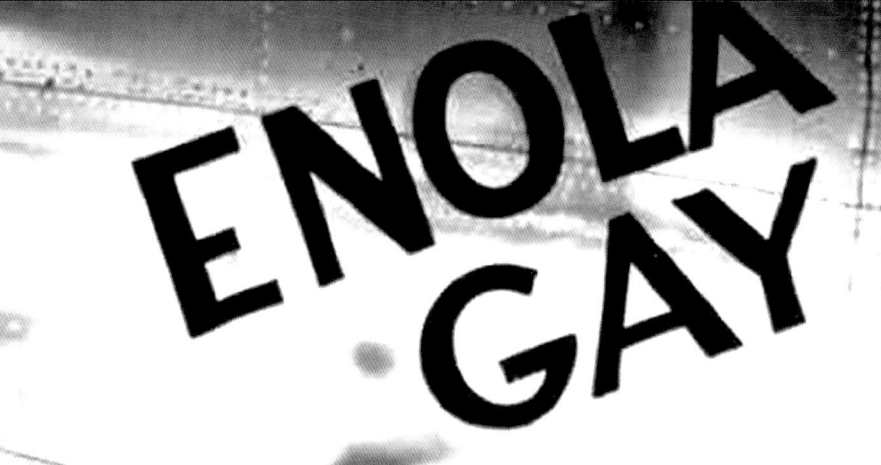

对页图：保罗·提贝兹，曾于1945年8月6日驾驶B-29"超级空中堡垒"在广岛投下第一枚原子弹"小男孩"。他以其母亲的名字为他的战机命名

上　图（顶部）：广岛被炸毁的电影院
上　图：被原子弹轰炸后的广岛

图片版权

本书所刊图片获得以下个人或机构的授权，在此表示感谢。

2. Getty Images/Central Press, 3. Getty Images/Topical Press Agency, 4-5. Getty Images/Popperfoto, 6. Getty Images/Universal History Archive, 7. Getty Images/AFP, 8. Getty Images/AFP, 9. Getty Images/Galerie Bilderwilt, 10. Scala/BPK, Berlin, 11. Science Museum/Science & Society Picture Library, 12. Corbis, 13. Alamy/Interfoto, 14. AKG-Images/Ullstein Bild, 15. (上) AKG-Images, 15. (下) Corbis/Bettmann, 16. Getty Images/Carl Mydans/Time & Life Pictures, 17. Getty Images/Three Lions, 18-19. Getty Images/Three Lions/Hulton Archive, 20. AKG-Images/IAM, 21. Getty Images/Popperfoto, 22. Getty Images/Time & Life Pictures, 23. Getty Images, 24. IWM (HU 40239), 25. Photo12.com/Collection Bernard Crochet, 26. Getty Images/IMAGNO/Austrian Archives, 27. (上) Getty Images/LAPI/Roger-Violett, 27. (下) Getty Images/Keystone, 28. Getty Images/Eric Harlow/Keystone, 29. (上) IWM (PST 13861_2), 29.(下) Alamy/John Joannides, 30. Getty Images/Time & Life Pictures, 31. U.S. Air Force, 32. Getty Images/Hulton Archive, 33. Topfoto.co.uk/The Board of Trustees of the Armouries/HIP, 34. Corbis/Hulton-Deutsch Collection, 35. Alamy/Itdarbs, 36-37. Photo12.com/Ann Ronan Picture Library, 38. IWM (H37706), 39. Private Collection, 40. Topfoto.co.uk/EE Images/HIP, 41. Topfoto.co.uk/Roger-Violett, 42. Topfoto.co.uk, 43. Topfoto.co.uk/Art Media/HIP, 44-45. Getty Images/Dorling Kindersley, 45. Alamy/Lordprice Collection, 46-47. Alamy/Chris Pancewicz, 47. Corbis/Bettmann, 48-49. Getty Images/Fox Photos, 50. Getty Images/Keystone, 51. Getty Images/Fox Photos, 52. Getty Images/H.F. Davis/Topical Press Agency, 53. (上) Getty Images/Keystone-France/Gamma-Keystone, 53.(下) Getty Images/Central Press, 54. Getty Images/Tunbridge, 54-55. Getty Images/Popperfoto, 56. Getty Images/Keystone, 57. Getty Images/Keystone, 58. & 59. Paradata.org.uk, 60. Alamy/The Art Archive, 61. Alamy/Interfoto, 62. AKG-Images/RIA Novosti, 63. (上) AKG-Images/RIA Novosti, 63. (下) AKG-Images/Voller Ernst, 64-65. Getty Images/Slava Katamidze Collection, 66. Getty Images/Hulton Archive/Fox Photos, 67. The Churchill Archives Centre, 68-69. Getty Images/Hulton Archive, 70. Getty Images/Keystone, 71. Dumfries Museum & Camera Obscura, 72-73. 7.62x54r.net, 73. AKG-Images, 74. IWM (E 21337), 75. IWM (INS 8116), 76-77. Getty Images/Michael Ochs Archive, 78-79. Getty Images/Popperfoto, 80. IWM (MH 4647), 81. IWM (E_MOS 1439), 82. & 83. Myrabella/Wikimedia Commons/CC-BY-SA-3.0 & GFDL, 84-85. Heritage-Images/National Archives, 86. Getty Images/Hulton Archive, 87. Wilson History & Research Centre, 88. Getty Images/Roger Viollet, 89. Author collection, 91. IWM (EPH 4299), 92. Getty Images/SSPL/Bletchley Park Trust, 93. Getty Images/SSPL, 95. Alamy/Antiques & Collectables, 96-97. Private Collection, 98. Topfoto.co.uk/Ullstein Bild, 98-99. Alamy/Interfoto, 100. Getty Images/Popperfoto, 101. IWM (T 54), 102. Getty Images/Frank Scherschel/Time & Life Pictures, 103. Getty Images/Dmitri Kessel/Time & Life Pictures, 104. Getty Images/Keystone-France/Gamma-Keystone, 105. militaryheadgear.com, 106. AKG-Images/Interfoto, 107. AKG-Images/Interfoto, 108-109. AKG-Images, 110. Getty Images/Popperfoto, 111. IWM (4000_020_1), 112. IWM (A 30568), 113. (上) Corbis/Bettmann, 114-115. AKG-Images, 116. Getty Images/Popperfoto, 116-117. Getty Images/Hulton Archive, 118. Getty Images/Time & Life Pictures, 119. (上) IWM (INS 7209), 119. (下) IWM (INS 7210), 120-121. Getty Images/Keystone-France, 122. IWM (E 14948), 123.(上) IWM (INS 5110), (下左) IWM (5499), (下右) IWM (5114), 124. AWM (042011_1), 125. (上) & (下) Carlton Books/IWM, 126-127. Topfoto/Ullstein Bild, 128. Corbis, 129. National Archives, Washington, 130. Alamy/Interfoto, 131. IWM (FEQ 415), 132-133. Private Collection, 134. Corbis/Bettmann, 135. Getty Images, 136. & 137. Quentin Rees, 138. Alamy/Interfoto, 139. Getty Images/Keystone, 140. Topfoto, 141. Getty Images/Time Life Pictures/US Navy, 142. Corbis/Bettmann, 143. Getty Images/SSPL, 144. Getty Images/Popperfoto, 145. Corbis, 146. Getty Images/Time Life Pictures/US Signal Corps, 147. Alamy/Interfoto, 148. IWM (ART 16884), 149. Corbis/Ocean, 150. IWM (NA 3445), 151. IWM (A 9422), 153. (上) Getty Images/Hermann Harz/Photoquest, (下) Getty Images/LAPI/Roger Viollet, 154. Getty Images/Buyenlarge, 155. Getty Images/Frederic Lewis/Hulton Archive, 156. IWM (HU 69915), 157. (上) IWM (HU 62922), (下) IWM (FLM 2340), 158-159. IWM (HU 4594), 160. IWM (ART 16345), 161. (上) Getty Images/Popperfoto, (下) Alamy/Art Directors & TRIP, 162. AWM (010627-1), 163. AWM (RELAWM30622_008-1), 164. Topfoto.co.uk, 165. IWM (MH 32784), 166. IWM (SE 7921), 167. (上) IWM (INS 43123), (下) IWM (INS 43124), 169. IWM (A 22617), 170. IWM (BU 9757), 171. (上) Alamy/Interfoto, (下) Topfoto.co.uk/The Granger Collection, 172-173. Topfoto.co.uk/Ullstein Bild, 175. Topfoto.co.uk/Ullstein Bild, 176. Getty Images/Keystone, 177. Corbis, 178. Getty Images/US Coast Guard/FPG/Hulton Archive, 179. Getty Images/Galerie Bilderwilt, 180. Getty Images/Keystone, 181. Getty Images/PjrStudio, 182. Getty Images/Keystone-France/Gamma-Keystone, 183. Getty Images/Hulton Archive, 184. & 185. Rex Features/Geoffrey Robinson, 186. & 187. National Archives & Records Administration, Washington, 188. AKG-Images/Ullstein Bild, 189. Alamy/Jack Sullivan, 190. IWM (HU 1122), 191. IWM (INS 43117), 192. Corbis/Hulton-Deutsch Collection, 193. Corbis/Bettmann, 195. (上) Getty Images/George Rodger/Time & Life Pictures, (下) Getty Images/Margaret Bourke-White/Time & Life Pictures, 196. Corbis/Heritage Images, 197. Topfoto.co.uk/Curt Teich Postcard Archives, Lake County HistoryArchives/HIP, 199. National Archives and Records Administration, Washington, 200. Topfoto.co.uk/The National Archives/HIP, 201. IWM (CH 15363), 202. Corbis, 202-203. Getty Images/PhotoQuest, 204. IWM (H 35181), 205. IWM (MH 2210), 206. Getty Images/Imagno, 207. Corbis/Michael St. Maur Sheil, 208. IWM (TR 2313), 209. IWM (H 37860), 210. Getty Images/PhotoQuest, 211. Alamy/Interfoto, 213. (上) Getty Images/Three Lions, (下) Getty Images/Popperfoto, 214. Private Collection, 215. Alamy/Maurice Savage, 216. Getty Images/LAPI/Roger Viollet, 218-219. Getty Images/Roger Viollet Collection, 220. Getty Images/Popperfoto, 221. Istockphoto.com, 222. Getty Images/Kurk Hutton/Picture Post/Hulton Archive, 223. Private Collection, 224. Getty Images/Keystone-France/Gamma- Keystone, 225. Deutsches Panzermuseum Munster, Germany, 226. IWM (CNA 3243), 227. IWM (CNA 3566), 228. IWM, 229. (上) IWM (INS 7993), (下) IWM (7994), 230-231. Corbis/Hulton-Deutsch Collection, 232. AKG-Images/Ullstein Bild, 233. Private Collection, 234-235. AKG-Images, 236. Getty Images/Popperfoto, 237. Getty Images/Fox Photos, 239. (上) Getty Images/Keystone/Hulton Archive, (下) Getty Images/Roger Viollet, 240-241. Getty Images/Mansell/Time & Life Pictures, 243. (上) Photo12/Cabinet Revel, (下左) Getty Images/Three Lions, (下右) Getty Images/AFP, 244-245. Photo12/Cabinet Revel, 246. Corbis/Nagasaki Atomic Bomb Museum/epa, 247. IWM (MH 6810), 248. Getty Images/Universal History Archive, 249. (上) Getty Images/Popperfoto, (下) Getty Images/Universal History Archive